Lenßen erklärt's

Ihr Recht: Miete und Nebenkosten

dtv

Lenßen erklärt's

Ihr Recht:
Miete und Nebenkosten

Beck im dtv
Deutscher Taschenbuch Verlag

Herausgeber und Autor

Ingo W. P. Lenßen, Jahrgang 1961, ist Rechtsanwalt und Fachanwalt für Strafrecht. Er arbeitet seit 1990 als Rechtsanwalt in Ludwigshafen am Bodensee, wo er Partner der Anwaltskanzlei Lenßen & Partner ist. Nach ihm wurde die bekannte Serie „Lenßen & Partner", die in SAT1 ausgestrahlt wird, benannt. In dieser spielt er auch die Hauptrolle. Während seiner langjährigen Tätigkeit als Rechtsanwalt hat er neben strafrechtlichen verstärkt mietrechtliche Mandate betreut.

Im Internet:

dtv.de
beck.de

Originalausgabe
Deutscher Taschenbuch Verlag GmbH & Co. KG,
Friedrichstraße 1a, 80801 München

Druck und Bindung: Druckerei C. H. Beck, Nördlingen
(Adresse der Druckerei: Wilhelmstraße 9, 80801 München)
Satz: ottomedien, Darmstadt
Umschlaggestaltung: Agentur Bureau Parapluie, Großberghofen
ISBN 978-3-423-50455-3 (dtv)
ISBN 978-3-406-57479-5 (C. H. Beck)
9 783406 574795

Vorwort des Herausgebers

Liebe Leserinnen und Leser,

in meiner täglichen Arbeit als Rechtsanwalt erlebe ich immer wieder, wie kompliziert unsere Rechtsordnung ist und wie schwer es vielen Menschen fällt, den „Paragrafendschungel" zu durchschauen.

Aus dieser Erfahrung heraus habe ich eine kleine Reihe von Ratgebern entwickelt, in denen die wichtigsten Rechtsfragen des Alltags kurz und verständlich behandelt werden. Besonders wichtig sind mir dabei die vielen kleinen Beispiele, Tipps und Checklisten, die erst richtig anschaulich machen, worum es bei den einzelnen Problemen geht.

Im vorliegenden Ratgeber erfahren Sie alles Wesentliche zum Mietrecht, einem Gebiet, das viele regelmäßig berührt. So behalten Sie im Mietalltag den Überblick und wissen schnell, wo Probleme liegen können und wie Sie diese am besten lösen.

Ihr

Ingo Lenßen
Rechtsanwalt

Inhalt

Die Beendigung des Mietverhältnisses

Der Ärger kommt am Ende!

Wird ein Mietvertrag unterschrieben, so sind in der Regel alle Beteiligten guter Dinge, denken nicht im Entferntesten an mögliche Streitpunkte. Tatsächlich ist es in der Praxis meistens so, dass der Ärger erst mit Beendigung des Mietverhältnisses beginnt.

Aus diesem Grund stellen wir diesen Themenbereich, entgegen vielen anderen Mietrechtsbüchern, an den Anfang. In der Folge werden wir uns dann mit den potentiellen Hauptstreitpunkten von Wohnungsmietverhältnissen befassen.

Mietverhältnisse können auf die unterschiedlichste Art und Weise beendet werden. Im Vordergrund stehen

- Zeitablauf,
- Kündigung,
- Aufhebungsvereinbarung und,
- in Grenzen, das Stellen von Nachmietern.

Nutzt der Mieter trotz Beendigung des Mietverhältnisses die Wohnung weiterhin, so verlängert sich das Mietverhältnis auf unbestimmte Zeit, es sei denn, der Mieter oder der Vermieter widersprechen innerhalb von zwei Wochen dieser weitergehenden Nutzung.

Stellt sich die Frage, ab wann die Zwei-Wochen-Frist zu laufen beginnt:

- für den Mieter ab dem Zeitpunkt, an dem er die Wohnung weiterhin gebraucht, also über das Ende des Mietverhältnisses hinaus und
- für den Vermieter erst ab dem Zeitpunkt, an dem er hiervon Kenntnis erlangt.

Zeitmietverträge

Ein zeitlich befristetes Mietverhältnis liegt dann vor, wenn die Vertragsparteien den Ablauf des Mietverhältnisses nach dem Kalender, d.h. auf ein bestimmtes Datum festgelegt haben. Nach Ablauf der Zeit ist das Mietverhältnis grundsätzlich beendet. Grundsätzlich können Mietverhältnisse zeitlich befristet werden (denken wir vor allem an Geschäftsraummieten), Wohnraummietverhältnisse allerdings nur eingeschränkt. Denn andernfalls würden die den Mieterschutz bezweckenden Kündigungsschutzvorschriften für Wohnraummietverhältnisse umgangen werden können.

Zu beachten ist jedoch, dass der Gesetzgeber den besonderen Mieterschutz nicht für alle Fälle angeordnet hat, z. B. nicht

- für möblierten Wohnraum oder
- Wohnraum, der nur zum vorübergehenden Gebrauch vermietet ist, oder
- Wohnraum in einem vom Vermieter selbst bewohnten Gebäude mit nicht mehr als zwei Wohnungen.

Für den Zeitmietvertrag ist geregelt, dass der Ablauf der vereinbarten Mietzeit tatsächlich zur Beendigung des Mietverhältnisses führt, der Mieter im Gegensatz zur früheren Rechtslage weder eine Verlängerungsoption hat, noch sich auf die Sozialklausel oder auf den Kündigungsschutz berufen kann. Beim Abschluss eines derartigen Vertrages hat also der Vermieter die beste Chance, den vermieteten Wohnraum nach Ablauf der vereinbarten Mietzeit tatsächlich auch zurückzuerhalten.

Wann dürfen Zeitmietverträge abgeschlossen werden?

Würde man nun mehrere Zeitmietverträge hintereinander abschließen können, z. B. 3 x 2 Jahre, würde der Kündigungsschutz für den Mieter ausgehöhlt werden. Aus diesem Grunde sind Zeitmietverträge nur unter bestimmten Gründen zulässig.

- Späterer Eigenbedarf des Vermieters.
- Geplante wesentliche Instandsetzung, die durch eine Fortsetzung des Mietverhältnisses erheblich erschwert würde.
- Beabsichtigte spätere Vermietung der Wohnung an einen zur Dienstleistung Verpflichteten.

Formelle Voraussetzung

Der Vermieter darf den Mieter natürlich nicht während des laufenden Mietverhältnisses mit einer auf einen der vorgenannten Gründe gestützten Kündigung überraschen. Deshalb bestimmt das Gesetz, dass der Vermieter dem Mieter den **Grund** der Befristung **bei Vertragsschluss schriftlich mitteilen muss**. Tut er dies nicht, gilt das Mietverhältnis als auf unbestimmte Zeit abgeschlossen. Fehlt der Grund der Befristung, so wandelt sich der Vertrag automatisch in einen unbefristeten Mietvertrag

Der Austausch der vorgenannten Befristungsgründe während des laufenden Vertrages ist unzulässig. Unschädlich ist jedoch, wenn sich nur der dem Befristungsgrund zu Grunde liegende Sachverhalt ändert, also z.B. der Eigenbedarf nicht, wie bei Vertragsabschluss gedacht, für den Vermieter selbst geltend gemacht wird, sondern für einen Angehörigen.

Erkundigungsrecht des Mieters

Der Mieter kann frühestens vier Monate vor Ablauf der Befristung vom Vermieter verlangen, dass dieser ihm binnen eines Monats mitteilt, ob der Befristungsgrund noch besteht. Erfolgt die Mitteilung später, so kann der Mieter eine Verlängerung des Mietverhältnisses um den Zeitraum der Verspätung verlangen.

Tritt der Befristungsgrund später als ursprünglich angenommen ein, so kann der Mieter eine Verlängerung des Mietverhältnisses um den entsprechenden Zeitraum verlangen.

Entfällt der Befristungsgrund, so kann der Mieter eine Verlängerung des Mietvertrages auf unbestimmte Zeit verlangen.

Achtung: Das Verlangen des Mieters ist form- und fristfrei. Es muss dem Vermieter aber vor dem Ende der Mietzeit zugehen, sonst endet das Mietverhältnis.

Altverträge

Etwas anderes gilt für Zeitmietverträge, die vor dem 1.9.2001 abgeschlossen worden sind. Diese bleiben auch ohne Angabe eines gesetzlich anerkannten Befristungsgrundes wirksam, müssen also bis zum Ende der vertraglich vereinbarten Laufzeit eingehalten werden. Bei diesen Verträgen hat der Mieter das Recht, zwei Monate vor Ablauf des Zeitmietvertrages schriftlich die Fortsetzung des Mietverhältnisses zu verlangen. Der Mietvertrag endet dann nur, wenn der Vermieter ein berechtigtes Interesse an der Beendigung hat, z.B. Eigenbedarf anmeldet.

Liegt kein Zeitmietvertrag vor, sondern wurde nur das Kündigungsrecht der Parteien für einen bestimmten Zeitraum ausgeschlossen, so bleibt auch diese Regelung wirksam. Solche Verträge können zwar mit einer Frist von drei Monaten gekündigt werden, jedoch frühestens zu dem Zeitpunkt, bis zu dem die Kündigung ausgeschlossen worden ist.

Wem nutzt der Zeitmietvertrag?

Sogenannte Zeitmietverträge sind i.d.R. nur für den Vermieter hilfreich, weil er zur Beendigung des Mietverhältnisses nicht den üblichen Kündigungsgrund (berechtigtes Interesse) benötigt. Hat er nach Zeitablauf ein Interesse an der Fortsetzung des Mietvertrages, so kann er dem Mieter ohne weiteres die Fortsetzung des Vertragsverhältnisses anbieten oder aber eine Verlängerung des Vertrages dadurch herbeiführen, dass er der Fortsetzung des Gebrauchs durch den Mieter einfach nicht widerspricht.

Achtung: Befristeter Mietvertrag kein Vorteil für den Mieter
Demgegenüber ist ein Zeitmietvertrag für den Mieter selten wirklich von Vorteil. Kommt er seinen mietvertraglichen Verpflichtungen bei einem unbefristeten Mietvertrag nach, so braucht er eine erfolgreiche Kündigung durch den Vermieter nur in Ausnahmefällen zu befürchten (z. B. Eigenbedarf), sodass er vom Fortbestand des Mietverhältnisses ausgehen kann.

Keine Kündigungsmöglichkeit
Umgekehrt ist der Zeitmietvertrag (auch) für den Mieter während der Mietzeit grundsätzlich nicht kündbar. Ergeben sich aber Veränderungen in seinem Wohnbedarf oder im beruflichen/persönlichen Umfeld, ist eine vorzeitige Beendigung grundsätzlich nicht möglich. Der Vertrag muss von beiden Seiten bis zum letzten vereinbarten Tag erfüllt, insbesondere also die volle Miete bezahlt werden. Dem kann der Mieter auch nicht entgegenhalten, dass er einen Nachmieter hätte, welcher zum Eintritt in das Mietverhältnis bereit sei.

Die Kündigung
Das Gesetz unterscheidet zwischen ordentlicher und außerordentlicher Kündigung. Beiden gemeinsam ist, dass die Kündigung von Wohnraum in ***schriftlicher*** *Form* zu erfolgen hat.

In schriftlicher Form bedeutet hier vor allem, dass die Kündigung auch **unterschrieben** sein muss. Das bedeutet, dass bspw. eine Kündigung per SMS schon allein deshalb ungültig ist, da die Unterschrift fehlt.

Versenden Sie Kündigungsschreiben am besten mit Einschreiben und Rückschein auf dem Postwege!

Eine ***ordentliche*** **Kündigung** kann üblicherweise ohne Grund erfolgen. Dies gilt bei Wohnraummietverhältnissen aus Gründen des

Mieterschutzes jedoch nur für die Kündigung des Mieters, während der Vermieter einen Kündigungsgrund braucht. Das Gesetz nennt diesen Kündigungsgrund „berechtigtes Interesse". Die ordentliche Kündigung ist an die Einhaltung bestimmter Fristen gebunden. Sie kommt nur bei unbefristeten Mietverhältnissen in Betracht. Demgegenüber sind Mietverhältnisse, die auf Zeit abgeschlossen wurden, nicht ordentlich kündbar.

Die ***außerordentliche* Kündigung** (auch des Mieters) kann demgegenüber nur bei Vorliegen ausreichender Gründe erfolgen, die im Gesetz bestimmt sind. Die außerordentliche Kündigung kann sowohl als solche mit Frist (in der Praxis selten und daher hier nicht weiter von Interesse) als auch als fristlose erfolgen.

Ordentliche Kündigung

Die ordentliche Kündigung sollte bei einem Mietverhältnis ohne große Probleme der Normalfall sein.

Welche Fristen sind zu beachten?

Die ordentliche Kündigung ist spätestens am dritten Werktag eines Kalendermonats zum Ablauf des übernächsten Monates zulässig. Diese also knapp dreimonatige Kündigungsfrist verlängert sich für den Vermieter nach fünf und acht Jahren seit der Überlassung des Wohnraums um jeweils drei Monate. Entscheidend ist der Zeitraum von der Überlassung bis zum Zugang der Kündigung.

Demgegenüber bleibt die Kündigungsfrist für den Mieter unabhängig von der Dauer der Überlassung bei drei Monaten.

Achtung: Diese neuen gesetzlichen Kündigungsfristen gelten nicht, wenn die Kündigungsfristen vor dem 1.9.2001 durch Vertrag vereinbart worden sind. Dies gilt für Kündigungen, die nach dem 1.6.2005 zugehen, dann nicht, wenn die Vereinbarung in einem Formularmietvertrag getroffen worden ist.

Im Klartext bedeutet dies: Die kürzere dreimonatige Kündigungsfrist gilt seit dem 1.6.2005 auch für Mieter, die **formular**vertraglich (nicht in einer individuellen Vereinbarung) vor dem 1.9.2001 längere Kündigungsfristen vereinbart haben!

Der Formularvertrag ist ein Mietvertrag, der als Formular entweder bei Mieter- oder Vermieterverbänden oder aber zum Teil auch in Schreibwarengeschäften erhältlich ist.

Die Erfahrung zeigt, dass weder der Mieter noch der Vermieter alle Paragraphen (genau) lesen. Formularverträge sind daher für besondere Vereinbarungen, die die Parteien in einzelnen Punkten treffen wollen, nicht besonders geeignet.

Besondere Vereinbarungen zwischen den Parteien sollten immer genau festgehalten werden.

Achtung: Von den gesetzlichen Vorschriften betreffend die Kündigungsfristen darf nicht zum Nachteil des Mieters abgewichen werden. Dies bedeutet, dass zu Gunsten des Mieters für dessen Kündigung kürzere Fristen als die gesetzlichen vereinbart werden können, nicht jedoch längere. Umgekehrt können für Kündigungen des Vermieters längere Fristen vereinbart werden, nicht jedoch kürzere als die gesetzlich vorgeschriebenen.

Kündigungsgrund für den Vermieter

Im Gegensatz zum Mieter kann der Vermieter den Wohnraum ordentlich und mit der vorgenannten Frist nur kündigen, wenn er ein **berechtigtes Interesse** hat. Eine Kündigung zum Zwecke einer Mieterhöhung ist kraft Gesetzes (§ 573 BGB) ausdrücklich ausgeschlossen.

Die Gründe für ein berechtigtes Interesse muss der Vermieter im Kündigungsschreiben angeben. Andere Gründe werden nur berücksichtigt, wenn sie nachträglich entstanden sind.

Ein berechtigtes Interesse des Vermieters liegt in der Regel in nachfolgenden Fällen vor.

Erhebliche, schuldhafte Pflichtverletzung

Wenn der Mieter seine vertraglichen **Pflichten schuldhaft und nicht unerheblich verletzt** hat, gilt:

- eine Abmahnung ist nicht erforderlich,
- bei mehreren Mietern genügt das Fehlverhalten von einem,
- da Verschulden erforderlich ist, reicht z. B. eine schuldlose Zahlungsunfähigkeit (etwa durch Krankheit) nicht aus,
- die Pflichtverletzung muss erheblich sein, nicht das Verschulden; das ist nicht der Fall, wenn Rechte und Belange des Vermieters nur ganz geringfügig beeinträchtigt sind oder wenn es sich um einen Einzelfall ohne Wiederholungsgefahr handelt.

Beispiele *Erhebliche Verstöße seitens des Mieters sind etwa verschuldete Zahlungsrückstände, wiederholte unpünktliche Zahlung, vertragswidriger Gebrauch, unbefugte Überlassung an Dritte, Vernachlässigung der Wohnung bzw. der mitgemieteten Einrichtung, Belästigung des Vermieters oder anderer Mieter, Störung des Hausfriedens, Beleidigungen, Bedrohungen.*

Eigenbedarf

Eigenbedarf ist anzunehmen, wenn der Vermieter die Räume als Wohnung für sich, seine Familienangehörigen oder Angehörige seines Haushaltes benötigt.

Der Begriff „Familienangehörige" ist dehnbar, wer im Einzelfall darunter fällt, umstritten: Jedenfalls sind erfasst, Eltern, Kinder, getrennt lebender Ehegatte, Stiefkinder.

In Betracht kommen auch Personen, welche für die persönliche häusliche Pflege des Vermieters benötigt werden.

Dem Vermieter steht frei, welchem von mehreren Mietern er kündigt. Entfällt der Eigenbedarf bis zum Ablauf der Kündigungsfrist, muss der Vermieter dies dem Mieter mitteilen, andernfalls macht sich der Vermieter schadensersatzpflichtig.

Wird eine andere, dem Vermieter zur Verfügung stehende, vergleichbare Wohnung in demselben Haus frei, die vermietet werden soll, so muss der Vermieter diese Wohnung dem Mieter anbieten. Andernfalls kann dem Vermieter entgegengehalten werden, das Beharren auf seiner Kündigung sei rechtsmissbräuchlich. Die Pflicht des Vermieters, dem Mieter eine andere leer stehende Wohnung anzubieten, besteht nur bis zum Ablauf der Kündigungsfrist und nur dann, wenn sich die Alternativwohnung im selben Haus oder in derselben Wohnanlage befindet.

In Betracht kommt auch, dass eine Alternativwohnung den angemeldeten Eigenbedarf befriedigen kann. Allerdings braucht der Vermieter für sich selbst nur eine solche Alternativwohnung zu akzeptieren, die nach Lage, Größe und Zuschnitt ähnlich gut geeignet ist wie die gekündigte Wohnung. Will der Vermieter diese Alternativwohnung für den Eigenbedarf nicht nutzen, so muss er sie dem wegen Eigenbedarfs gekündigten Mieter zum Tausch anbieten.

Wirtschaftliche Nachteile

Ein erhebliches Interesse kann auch vorliegen, wenn der Vermieter durch die Fortsetzung des Mietverhältnisses an einer angemessenen wirtschaftlichen Verwertung des Grundstücks gehindert wird und dadurch erhebliche Nachteile erleiden würde.

Hierunter fällt **weder** der Wunsch, durch eine Vermietung an einen anderen Mieter eine höhere Miete zu erzielen,

noch derjenige, die Mieträume im Zusammenhang mit der Begründung von Wohnungseigentum veräußern zu wollen.

Vorliegen kann dieser Kündigungsgrund jedoch bei einem Verkauf, einer Umnutzung zu geschäftlichen Zwecken, einer umfassenden Sanierung zum Zwecke der besseren Weitervermietung, bei einem Abbruch mit Wiederaufbau. Besondere Bedeutung gewinnt dieser Kündigungsgrund also bei beabsichtigter Veräußerung oder Modernisierung des Mietobjekts.

Die Möglichkeit, durch den Verkauf des mietfreien Objektes einen höheren Kaufpreis zu erzielen, reicht grundsätzlich nicht aus!

Sonstige Kündigungsgründe

Schließlich kann aus weiteren Gründen ein berechtigtes Interesse gegeben sein. Immer müssen es jedoch Gründe sein, die den vorgenannten gleichwertig sind.

Härtefälle

In Härtefällen hat der Mieter das Recht, einer ordentlichen Kündigung zu widersprechen und die Fortsetzung des Mietverhältnisses zu verlangen. Ein solcher Härtefall setzt voraus, dass die Beendigung des Mietverhältnisses für den Mieter, seine Familie oder andere Angehörige seines Haushaltes eine Härte bedeuten würde, die auch unter Würdigung der berechtigten Interessen des Vermieters nicht zu rechtfertigen ist. Bei der insoweit gebotenen Interessenabwägung werden die Interessen des Vermieters nur insoweit berücksichtigt, als sie in dem Kündigungsschreiben angegeben oder nachträglich entstanden sind. Eine Härte liegt auch vor, wenn angemessener Ersatzwohnraum zu zumutbaren Bedingungen nicht beschafft werden kann.

Der Vermieter hat den Mieter auf die Form (schriftlich) und die Frist (spätestens zwei Monate vor Beendigung des Mietverhältnisses) des Widerspruchs hinzuweisen. Dieser Hinweis ist formfrei möglich und kann, muss aber nicht im Kündigungsschreiben enthalten sein. Er muss aber vollständig und rechtzeitig erfolgen. Erfolgt er gar nicht oder verspätet, berührt dies die Wirksamkeit der Kündigung nicht, sondern führt zur Verlängerung der Widerspruchsfrist.

Kündigt der Vermieter, so ist dringend darauf zu achten, dass in dem Kündigungsschreiben der Mieter auf seine Widerrufsmöglichkeit hingewiesen wird. Fehlt dieser Hinweis, verlängert sich automatisch die Widerrufsfrist!

Ausschluss des Rechts zur ordentlichen Kündigung
Wie bereits ausgeführt, kann der Kündigungsschutz für Wohnraummieter nur in engen Grenzen durch den Abschluss von Zeitmietverträgen umgangen werden. Umgekehrt kann das Recht des Mieters zur ordentlichen Kündigung vertraglich nur beschränkt ausgeschlossen werden. Damit soll der im Berufs- und Wirtschaftsleben zunehmend verlangten Mobilität und Flexibilität und damit dem Interesse des Mieters an einer kurzfristigen Aufgabe der Wohnung, z. B. bei einem Wechsel des Arbeitsplatzes, Rechnung getragen werden.

Durch eine gesonderte Vereinbarung zwischen den Mietparteien (also nicht durch einen Formularvertrag) kann der einseitige (d. h. nur der Mieter verzichtet auf das Kündigungsrecht, nicht auch der Vermieter) Kündigungsverzicht des Mieters für die Dauer von fünf Jahren wirksam vereinbart werden.

Wird allerdings in einem Formularmietvertrag ein Kündigungsverzicht für den Mieter von mehr als vier Jahren vereinbart, so ist diese Vereinbarung unwirksam, was dazu führt, dass nunmehr wieder die dreimonatige Kündigungsfrist gilt.

Außerordentliche fristlose Kündigung
Die außerordentliche fristlose Kündigung führt **unmittelbar und sofort** zur Beendigung des Mietverhältnisses.

Beide Vertragspartner können außerordentlich fristlos aus wichtigem Grund kündigen, z. B. wegen

- dauernder unzumutbarer Belästigung der Hausbewohner,
- Verstoß gegen das Grillverbot auf dem Balkon, gegen Parkverbot auf dem Grundstück,
- Herbeiführung von nächtlichen Polizeieinsätzen durch unberechtigte Vorwürfe gegen Hausbewohner,
- unbefugtem Betreten der Wohnung durch den Vermieter in Abwesenheit des Mieters,

- Ruhestörungen durch Reparaturen zur Unzeit,
- häufige Lärmstörungen zur Nachtzeit,
- wiederholte Beleidigungen und Behinderungen anderer Mieter oder deren Besucher,
- tätliche Angriffe, Bedrohungen.

Ein wichtiger Grund ist auch eine derartige Zerrüttung des Vertrauensverhältnisses, dass eine Fortsetzung des Vertrages unzumutbar geworden ist.

Will der Mieter oder Vermieter aus einem der obigen Gründen kündigen, so muss er zwingend dem anderen eine angemessene Frist setzen, innerhalb der er entweder den Grund beseitigt bzw. sein Verhalten ändert. Erst wenn diese Frist erfolglos abgelaufen ist, ist die Kündigung wirksam.

Beispiel *Wird es bei einem Grillfest, bei einer Geburtstagsfeier etc. zu spät und zu laut, dann kann hierauf keine Kündigung gestützt werden. Vielmehr muss der Störenfried erst ermahnt werden, sein Verhalten in Zukunft zu ändern. Wenn das nichts hilft, kann gekündigt oder auf Unterlassung geklagt werden.*

Eine solche Abmahnung ist entbehrlich,

- wenn diese offensichtlich nicht erfolgversprechend ist,
- bei Zahlungsverzug des Mieters (s. u. S. 13, 61)
- sowie dann, wenn die sofortige Kündigung aus besonderen Gründen unter Abwägung der beiderseitigen Interessen gerechtfertigt ist.

Der Grund für die Kündigung muss im Kündigungsschreiben immer angegeben werden!

Außerordentliche fristlose Kündigung des Vermieters
Der Vermieter kann außerordentlich fristlos insbesondere kündigen bei

- erheblicher Gefährdung der Mietsache durch Vernachlässigung seitens des Mieters
- grober Beleidigung des Vermieters,
- ständiger Belästigung der übrigen Hausbewohner,
- andauernder Lärmbelästigung,
- ständiger unpünktlicher Mietzahlung,
- unbefugter Überlassung an Dritte.
- **Zahlungsverzug;** dieser setzt bei der Kündigung von Wohnraummietverhältnisses voraus, dass sich der Mieter an zwei aufeinanderfolgenden Terminen mit insgesamt mehr als einer Monatsmiete oder in einem Zeitraum, der sich über mehr als zwei Termine erstreckt, mit mindestens zwei Monatsmieten in Verzug befindet.

Warum der Mieter gerade einen finanziellen Engpass hat, ist hier irrelevant. Zahlt er jedoch die rückständige Miete bevor er das Kündigungsschreiben erhält, ist die Kündigung unwirksam. Sie wird auch dann unwirksam, wenn der Mieter Geldansprüche gegen den Vermieter hat und erklärt, dass er mit der Miete aufrechnet.

Da in den obigen Beispielen nur die außerordentliche fristlose Kündigung unwirksam wird, ist immer zu empfehlen, gleichzeitig auch die ordentliche Kündigung auszusprechen!

Außerordentliche fristlose Kündigung des Mieters
Das Recht zur außerordentlichen fristlosen Kündigung steht dem Mieter insbesondere zu, wenn

- der Vermieter ihm die Nutzung der Wohnung nicht ermöglicht

- der gemietete Wohnraum so beschaffen ist, dass seine Benutzung mit einer erheblichen **Gefährdung der Gesundheit** verbunden ist, und zwar auch dann, wenn der Mieter die Gefahr bringende Beschaffenheit bei Vertragsschluss gekannt oder darauf verzichtet hat, die ihm wegen dieser Beschaffenheit zustehenden Rechte geltend zu machen. In Betracht kommen etwa Einsturzgefahr, dauerndes Eindringen unerträglicher Gerüche, unerträglicher Lärm, Feuchtigkeit und unzureichende Beheizbarkeit, übermäßige Formaldehydkonzentration, Schimmelbefall mit Toxinbildung.

Wer kündigt gegenüber wem?

Die Kündigung muss bei Beteiligung mehrerer Personen grundsätzlich von allen gegenüber allen ausgesprochen werden.

In größeren Anlagen ist oft der Hausverwalter bevollmächtigt, namens des Wohnungseigentümers und Vermieters eine Kündigung auszusprechen. Grundsätzlich muss er seinem Kündigungsschreiben dann eine Original-Vollmachtsurkunde beifügen. Telefax oder Fotokopie der Vollmacht reichen nicht aus!

Fehlt die Vollmachtsurkunde, so kann der Mieter die Kündigung unverzüglich zurückweisen. Weist der Mieter die Kündigung wegen des Fehlens der Vollmachtsurkunde nicht unverzüglich zurück, ist die Kündigung wirksam.

Unverzüglich heißt „ohne schuldhaftes Zögern", in der Regel also sofort!

Da der Mieter das Recht hat, sich vor seiner Reaktion auf die Kündigung, z.B. durch einen Rechtsanwalt, beraten zu lassen, kann ein Zeitraum von zwei Wochen immer noch unverzüglich sein!

Nur einer von mehreren Mietern möchte kündigen?
Insbesondere in Wohngemeinschaften kommt es immer wieder vor, dass einer das Mietverhältnis beenden und ausziehen möchte. Er hat dann einen Anspruch gegen seinen/seine Mitmieter, an der gemeinsamen Kündigung mitzuwirken, sofern nicht berechtigte Interessen des anderen Mieters entgegenstehen.

Der Mieter, der in der Wohnung verbleiben möchte, kann aber eventuell einen Anspruch auf Neuabschluss eines Mietvertrages haben. Das kommt etwa dann in Betracht, wenn der verbleibende Mieter auch allein in der Lage ist, die Miete aufzubringen.

Der Aufhebungsvertrag
In Betracht kommt ein Aufhebungsvertrag insbesondere dann, wenn

- die Parteien einen Mietvertrag statt durch Kündigung durch einen Vertrag beenden wollen. Sie können zugleich Abwicklungspflichten bzw. -ansprüche (Ablöse für eingebrachte Sachen, Renovierung, Kautionsrückzahlung) regeln,
- der Mieter vor Ablauf der Kündigungsfrist aus dem Vertrag entlassen werden soll,
- ein befristeter Mietvertrag vor Ablauf der vereinbarten (Mindest-) Laufzeit enden soll.

In der Praxis kommt vor allem der letzte Fall häufig vor.

Anspruch auf Abschluss eines Aufhebungsvertrages?
Zu beachten ist, dass eine **Verpflichtung des Vermieters** zum Abschluss eines Mietaufhebungsvertrages und ein entsprechender **Anspruch des Mieters** grundsätzlich nur dann bestehen, wenn die Parteien eine „Ersatzmieterklausel" vereinbart haben. Das heißt, der Mieter ist berechtigt, unter Gestellung eines (zumutbaren) Nachfolgers aus einem aktuell nicht kündbaren Mietverhältnis vorzeitig auszuscheiden.

Die juristische Wunderwaffe: Treu und Glauben

Ansonsten kann der Vermieter nur im Ausnahmefall nach „Treu und Glauben" verpflichtet sein, den Mieter vorzeitig aus dem Vertrag zu entlassen. Dies setzt allerdings voraus, dass

- das berechtigte Interesse des Mieters an der Vertragsaufhebung das Interesse des Vermieters am Bestand des Vertrages ganz erheblich überragt,
- der Mieter einen geeigneten Nachmieter stellt und
- der Mieter sich selbst vertragstreu verhält.

Für ein **berechtigtes Interesse** nicht ausreichend ist der Wunsch des Mieters nach einer besseren, billigeren, größeren oder kleineren Wohnung. Es muss sich vielmehr um Ereignisse handeln, die der Mieter nicht mit dem Ziel, seine Wohnsituation zu verändern, bewusst herbeigeführt hat, und die ihm ein Festhalten an der Wohnung unzumutbar machen (z. B. berufsbedingter Ortswechsel).

Der vom Mieter zu stellende Nachmieter muss grundsätzlich **bereit** sein, in den bestehenden Vertrag, d. h. ohne Änderungen, einzutreten. Die Verpflichtung des Vermieters zum Abschluss eines Aufhebungsvertrages entfällt daher, wenn der Nachfolger Änderungswünsche anmeldet. Der Nachfolger muss aber auch **zumutbar** sein. Dies ist dann der Fall, wenn er hinsichtlich seiner privaten, familiären und wirtschaftlichen Lebensumstände hinreichende Gewissheit für eine ordnungsgemäße Vertragserfüllung bietet.

Der die Aufhebung begehrende Mieter muss sich **selbst vertragstreu** verhalten. Wer seine mietvertraglichen Verpflichtungen selbst nicht erfüllt, kann nicht vom Vertragspartner unter Berufung auf Treu und Glauben verlangen, vorzeitig aus dem Vertrag entlassen zu werden.

Beteiligte an der Aufhebungsvereinbarung?

An der Aufhebungsvereinbarung müssen **alle** Vertragspartner beteiligt sein, und zwar auch dann, wenn von mehreren Mietern oder

Vermietern nur einer aus dem Vertrag entlassen werden soll. Zulässig ist es, sich durch einen Bevollmächtigten vertreten zu lassen. Formularmäßige Bevollmächtigungen im Mietvertrag werden im Allgemeinen für nicht ausreichend erachtet, da sie sich im Zweifel nicht auf Erklärungen beziehen, die das Mietverhältnis beenden.

Form der Aufhebungsvereinbarung

Grundsätzlich ist der Mietaufhebungsvertrag **formlos** wirksam, und zwar auch dann, wenn der Mietvertrag schriftlich abgeschlossen worden ist. Das Schriftformerfordernis für Kündigungen gilt für Aufhebungsverträge nicht!

Im Einzelfall ist jedoch vieles umstritten. Besonders aus Gründen der Beweisbarkeit der getroffenen Abreden empfiehlt es sich, diese schriftlich zu fixieren und zu unterzeichnen.

Inhalt der Aufhebungsvereinbarung

Was die Vertragsparteien zum Inhalt des Aufhebungsvertrages machen, bleibt ihnen überlassen. Grundsätzlich wird die Einigung der Parteien auf einen Beendigungs- und Räumungszeitpunkt im Vordergrund stehen. Im Übrigen verbleibt es bei den im Mietvertrag getroffenen Vereinbarungen, hilfsweise bei den gesetzlichen Regelungen.

Vereinbaren Sie unbedingt einen konkreten Zeitpunkt, zu dem die Wohnung geräumt sein muss. Auch eine Regelung darüber, dass der Vermieter die Wohnung räumen darf, wenn der Mieter dies nicht zum vereinbarten Termin gemacht hat, ist äußerst hilfreich und erspart Streitigkeiten.

Folgen der Ablehnung des Nachmieters?

Bei **unberechtigter** Ablehnung des Nachmieters verliert der Vermieter die **künftigen** Erfüllungsansprüche aus dem Vertrag. Der Mieter wird also von seiner Verpflichtung zur Zahlung künftiger Mieten frei, haftet jedoch weiterhin für fällige Mietansprüche, d. h. für solche aus der Vergangenheit.

Bei **berechtigter** Ablehnung besteht das ursprüngliche Mietverhältnis fort, d.h. insbesondere, dass dem Vermieter weiterhin der vertragliche Mietzinsanspruch zusteht.

Bei dem (nur) auf **Treu und Glauben** gestützten Aufhebungsverlangen ist der Vermieter **nicht verpflichtet**, mit einem vom Mieter vorgeschlagenen Nachfolgeinteressenten einen neuen Vertrag abzuschließen, und zwar auch dann nicht, wenn der Mieter ein Interesse am Eintritt gerade dieses Nachfolgers hat (z.B., weil dieser zu einem früheren Zeitpunkt in den Vertrag eintreten oder von allen möglichen Nachfolgern die höchste Ablöse für zurückgelassene Sachen oder Einrichtungen zahlen will). Die Verpflichtung des Vermieters erschöpft sich vielmehr darin, den bisherigen Mieter nicht länger am Vertrag festzuhalten.

Stellen eines Nachmieters
Entgegen einer weit verbreiteten Meinung ist der Vermieter grundsätzlich nicht verpflichtet, den Mietvertrag auf Verlangen des Mieters zu beenden, nur weil dieser einen oder mehrere geeignete und zumutbare, die bisherigen Vertragsbedingungen uneingeschränkt übernehmende Ersatzmieter stellt, gegen die keine persönlichen Einwendungen bestehen. Denn dem Vermieter steht es grundsätzlich frei, nach der Beendigung des Mietverhältnisses einen neuen Mieter frei auszuwählen und neue Vertragsbedingungen auszuhandeln.

Auch hier: Treu und Glaube!
Etwas anderes kann sich im Ausnahmefall aus Treu und Glauben dann ergeben, wenn

- der Mieter erhebliche Gründe für die vorzeitige Beendigung des Vertrages hat, z.B. berufl. bedingter Ortswechsel, Geburt eines Kindes und dadurch bedingter Mehrbedarf an Wohnfläche, Heirat, Krankheit, die einen Umzug in ein Senioren-/Pflegeheim erforderlich macht.

- es ihm nicht zuzumuten ist, die ordentliche Beendigung des Vertrages abzuwarten,
- überwiegende Gründe des Vermieters nicht entgegenstehen, er also keine gravierenden sachlichen Gründe dafür hat, den Mieter persönlich als Vertragspartner zu behalten,
- der Mieter einen Mietnachfolger stellt, der bereit und in der Lage ist, das Mietverhältnis zu den bisherigen Bedingungen fortzusetzen und
- dieser Nachfolger dem Vermieter zuzumuten ist; ein enger Freund des Vermieters soll z. B. als Nachmieter unzumutbar sein; ebenso soll ein Vermieter aus religiösen Gründen u. U. ein unverheiratetes Paar ablehnen dürfen; unzulässig ist demgegenüber eine Ablehnung, weil der Nachfolger Ausländer ist.

Folgen?
Auch hier erschöpft sich die Anwendung von Treu und Glauben darin, dass der Vermieter den Mieter nicht mehr an dem Vertrag festhalten darf. Demgegenüber hat der Mieter keinen Anspruch darauf, dass einer der von ihm vorgeschlagenen Nachfolgeinteressenten vom Vermieter akzeptiert wird. Insbesondere hat der Mieter keinen Anspruch gegen den Vermieter darauf, mit demjenigen Ersatzmieter abzuschließen, der die höchste Ablöse zahlen will.

Trick 17: Untervermietung
Wollen Sie sich als Mieter einen Kündigungsgrund „erschaffen", dann bitten Sie Ihren Vermieter um Erlaubnis, die Wohnung an eine bestimmte Person untervermieten zu dürfen. Verweigert Ihnen der Vermieter die Untervermietung, obgleich es keinen wichtigen Grund hierfür gibt, können Sie als Mieter das Mietverhältnis außerordentlich innerhalb der gesetzlichen Frist kündigen.

Die Abwicklung des Mietverhältnisses

Wie bereits eingangs ausgeführt, entstehen die Streitereien zwischen den Mietvertragsparteien oft erst im Zusammenhang mit der Beendigung bzw. Abwicklung des Mietverhältnisses.

Es ist ratsam, sich rechtzeitig über die wechselseitigen Rechte und Pflichten zu informieren.
Lesen Sie unbedingt Ihren Mietvertrag!

Mieterpflichten

Schadensbeseitigung, Reinigung

Wird nichts anderes vereinbart, hat der Mieter im Falle der Beendigung des Mietverhältnisses vor der Rückgabe des Mietobjektes dieses von grobem Schmutz zu befreien und zu fegen (Stichwort: **besenrein**). Hat er in der Wohnung noch Renovierungsarbeiten durchgeführt, so muss er den dadurch verursachten Schmutz beseitigen.

Außerdem hat der Mieter von ihm verursachte **Schäden zu beseitigen**, **nicht** jedoch – abgesehen von einer Reinigung – die **Spuren des vertragsgemäßen Gebrauchs**. Denn dieser wird ja gerade durch die Bezahlung der Miete abgegolten.

Bei Auszug ist der Mieter also grundsätzlich nur verpflichtet,

- diejenigen Gebrauchsspuren, die über die vertragliche Abnutzung hinausgehen, zu beseitigen,
- selbst eingebaute Anlagen oder Installationen wieder zu entfernen und
- den früheren Zustand wiederherzustellen.

Dies gilt grundsätzlich unabhängig davon, ob der Vermieter mit den Maßnahmen einverstanden war oder nicht. Denn mangels ausdrücklicher Vereinbarung kann nicht davon ausgegangen werden, dass sich das Einverständnis des Vermieters auch darauf erstreckt, das Mietobjekt bei Beendigung des Mietverhältnisses in dem veränderten Zustand zu belassen.

Wer etwas an der Mietsache verändert, muss bei Auszug den ursprünglichen Zustand wiederherstellen.

Was ist vertragsgemäßer Gebrauch?
Zum vertragsgemäßen Gebrauch gehören z. B.:

Das **Anbringen von Dübellöchern**, soweit diese zur Befestigung üblicher Installationsgeräte, Gardinenstangen, Lampenhalter oder Bilder dienten und nach ihrer Häufung und Größe nicht aus dem üblichen Rahmen fallen; allerdings müssen beim Auszug Haken und Schrauben entfernt und die Dübellöcher verschlossen werden.

Beispiel *Ob aus der Anzahl der Löcher auf einen vertragswidrigen Gebrauch geschlossen werden kann, hängt vom Einzelfall ab. So hat das Landgericht Hamburg eine Zahl von insgesamt 32 Dübellöchern in einem Badezimmer zwar als recht hoch angesehen, im konkreten Fall aber nicht als vertragswidrig gewertet. In diesem Fall hatte das Badezimmer außer den reinen Sanitärgegenständen keine sonstigen Ausstattungsgegenstände. Aus diesem Grunde musste der Mieter die erforderlichen Dübellöcher für Spiegel, Spiegelkonsole, Spiegellampen, Handtücher, Zahnputzgläser, Seifenschale, Klopapierrolle, Klobürste und Duschstange sowie einen Haltegriff für die Badewanne nachträglich anbringen. Da es sich hierbei sämtlich um Gegenstände handelt, die üblicherweise zur Ausstattung eines Badezimmers gehören, war das Bohren der hierfür erforderlichen Dübellöcher vertragsgemäß.*

Zum vertragsgemäßen Gebrauch gehören auch etwa Laufspuren auf Bodenbelägen oder sonstige Verschleißerscheinungen.

Zum vertragsgemäßen Gebrauch **gehören nicht:**

- das Verlegen selbstklebender oder geklebter Teppichböden (der Mieter ist daher zum Schadensersatz verpflichtet, wenn nach Entfernung des eingebrachten Teppichs ein Schaden an dem darunter liegenden ursprünglichen Bodenbelag verbleibt);
- das Kürzen von Zimmertüren anlässlich der Verlegung von Teppichböden (bei Auszug hat der Mieter die Türblätter wieder verlängern zu lassen, sofern auf diese Weise der frühere Zustand wiederhergestellt werden kann, andernfalls schuldet er den Austausch gegen neue Türen).

Das Abnahmeprotokoll

Zur Vermeidung späterer Streitigkeiten empfiehlt es sich, im Rahmen der Rückgabe der Wohnung ein **gemeinsames Protokoll** über den Wohnungszustand aufzunehmen, welches von beiden Vertragsparteien zu unterzeichnen ist.

Es liegt auf der Hand, dass der Mieter den im Protokoll festgehaltenen Zustand der Wohnung (Beschädigungen, Gebrauchsspuren) im Nachhinein nicht mehr bestreiten kann. Allerdings kann er behaupten, dass

- der beschriebene Zustand bereits zum Zeitpunkt des Beginns des Mietverhältnisses vorgelegen habe,
- von ihm nicht verschuldet worden sei oder
- lediglich nicht zu beseitigende Gebrauchsspuren wiedergebe.

Umgekehrt kann der Mieter nur für diejenigen Schäden haftbar gemacht werden, die im Protokoll festgehalten worden sind. Dies gilt allerdings nicht für Schäden, die im Rahmen einer üblichen Wohnungsabnahme nicht erkennbar waren oder aber vom Mieter kaschiert worden sind.

Um Streitigkeiten zu vermeiden ist es wichtig, sich im Abnahmeprotokoll nicht auf Stichworte zu beschränken, sondern möglichst konkret auszuformulieren, was beanstandet wird und was in Ordnung ist.

Die Rückgabepflicht

Nach der Beendigung des Mietverhältnisses ist der Mieter verpflichtet, die Mietsache zurückzugeben.

Zeitpunkt

Die Formulierung „nach der Beendigung des Mietverhältnisses" ist missverständlich, da die Rückgabe nicht nach, sondern auf den Zeitpunkt der Beendigung zu erfolgen hat. Bei einer befristeten Kündigung hat die Rückgabe daher spätestens am letzten Tag der Frist zu erfolgen, bei einer fristlosen Kündigung mit deren Zugang, also sofort.

Es wird jedoch die Auffassung vertreten, dass der Rückgabeanspruch erst am nächsten Werktag fällig ist, wenn das Mietverhältnis an einem Samstag, Sonntag oder an einem staatlich anerkannten allgemeinen Feiertag endet. Die Richtigkeit dieser Ansicht ist allerdings zu bezweifeln. Wer nämlich umgekehrt eine Wohnung ab einem bestimmten Zeitpunkt anmietet, z. B. dem 1. 5., kann wohl kaum damit vertröstet werden, dass der Vormieter erst am 2. 5. zu räumen hat.

Ob der Mieter berechtigt ist, das Mietobjekt auch ohne entsprechende Vereinbarung **vorzeitig zurückzugeben**, ist umstritten. Zu beachten ist jedenfalls, dass der Mieter trotz vorzeitiger Rückgabe der Mietsache zur Zahlung des Mietzinses bis zur Beendigung des Mietverhältnisses verpflichtet bleibt und umgekehrt der Vermieter nicht zu einer anderweitigen Vermietung verpflichtet ist.

Sonderfall: Vorzeitige Überlassung an Dritte

Grundsätzlich ist der Mieter von der Verpflichtung zur Zahlung des Mietzinses frei, wenn der Vermieter infolge der Überlassung des Gebrauches des Mietobjektes an einen Dritten außer Stande ist, seinem Mieter den Gebrauch zu gewähren.

Etwas anderes gilt jedoch in einem in der Praxis häufig vorkommenden Fall, nämlich dann, wenn der Mieter vorzeitig und endgültig ausgezogen ist und keine Miete mehr bezahlt. Überlässt in dieser Situation der Vermieter das Mietobjekt einem Dritten (z. B. einem Folgemieter zum Zwecke der Durchführung von Renovierungs- und Umbaumaßnahmen), so kann sich der Mieter **nicht darauf berufen**, dass der Vermieter infolge der Überlassung des Mietobjektes an den Dritten nicht mehr in der Lage ist, ihm, dem Mieter, den Gebrauch zu gewähren. Denn ein derartiges Verhalten des Mieters verstieße gegen Treu und Glauben. Allerdings muss sich der Vermieter eine etwa von dem Folgemieter bezahlte Miete anrechnen lassen.

Vermietet der Vermieter an einen Dritten, so muss er sich die von diesem erhaltene Miete anrechnen lassen, d. h. in dieser Höhe wird der „alte" Mieter von seiner Leistungspflicht befreit.

Was beinhaltet die Rückgabe?
Die Rückgabe der Mietsache beinhaltet mehrere Komponenten.

Schlüsselrückgabe
Grundsätzlich müssen **sämtliche Haus- und Wohnungsschlüssel** übergeben werden. Dies gilt auch dann, wenn der Mieter die Schlüssel selbst angeschafft hat! Eine andere Frage ist dann, ob der Vermieter zur Erstattung etwaiger Kosten verpflichtet ist. Umgekehrt ist der Mieter zum entsprechenden Schadensersatz verpflichtet, wenn er nicht zur Rückgabe sämtlicher Schlüssel in der Lage ist. Das Zurücklassen der Schlüssel in den Mieträumen oder das Einwerfen der Schlüssel in den Briefkasten des Vermieters, genügt für eine ordentliche Schlüsselübergabe nicht.

Räumung

Darüber hinaus ist das Mietobjekt bei Vertragsende zu räumen.

Insbesondere hat der Mieter von ihm eingebrachte Einbauten und Einrichtungen zu entfernen und bauliche Maßnahmen rückgängig zu machen, z. B.

- Holzverkleidungen
- abgehängte Decken
- Fußbodenbeläge
- Raumteiler
- Einbauschränke
- Badinstallationen
- Mauerdurchbrüche.

Haben die baulichen Veränderungen dazu gedient, die Wohnung in einen vertragsgerechten Zustand zu versetzen, oder hat der Vermieter geplant, die Wohnung baulich so zu verändern, dass die Arbeiten des Mieters überflüssig wären, müssen die Veränderungen nicht rückgängig gemacht werden.

Da auch vom Vormieter übernommene bauliche Veränderungen rückgängig gemacht werden müssen, sollten Sie immer darauf achten, dass in Ihrem Mietvertrag festgehalten wird, dass diese Änderungen vom Vermieter akzeptiert sind und er auf eine Wiederherstellung des Urzustandes verzichtet.

Kommt der Mieter seiner Rückgabeverpflichtung am Tag der Fälligkeit nicht nach, lässt er insbesondere Sachen im Mietobjekt zurück, so hat der Vermieter einen **einklagbaren Erfüllungsanspruch** auf Rückgabe des Mietobjektes und Räumung, d. h. auf Entfernung aller Sachen und Einrichtungen, die sogenannte Räumungsklage.

Gleichzeitig gerät der Mieter in **Verzug**, ohne dass es einer Mahnung bedarf. Er haftet dann für den durch die Nichtrückgabe der Wohnung verursachten Schaden, etwa für den dem Vermieter entstehenden Mietausfall. Der **Schadensersatzanspruch** setzt allerdings Verschulden des Mieters voraus und, dass die Nichtrückgabe der Wohnung ursächlich für den entstandenen Mietausfall ist. Dies ist nur dann der Fall, wenn der Vermieter nachweist, auf den Zeitpunkt der Beendigung des Mietverhältnisses einen zur Anmietung des Objekts bereiten Nachmieter gehabt zu haben.

Teilräumung

Der Mieter darf die Mietsache nicht nur teilweise geräumt zurückgeben.

Lässt also der Mieter Sachen in erheblichem Umfang zurück, so ist die Rückgabepflicht nicht erfüllt. Was „erheblich" ist, bemisst sich nach dem Kostenaufwand für die Entfernung.

Der Vermieter darf diese, soweit sie nicht offensichtlich wertlos sind, jedoch nicht einfach entfernen.

Lagert der Vermieter Sachen des Mieters aber berechtigterweise ein, so hat er einen Kostenerstattungsanspruch gegen den Mieter. Der Mieter ist verpflichtet, dem Vermieter für die Zeit der Einlagerung ein Nutzungsentgelt entsprechend dem Mietwert der für die Einlagerung beanspruchten Fläche zu bezahlen. Eine „schlampige" Räumung kann also teuer werden!

Für die Frage, ob der Mieter die ihm obliegende Rückgabepflicht erfüllt hat, ist unerheblich, ob der Mieter die ihm im Rahmen der Beendigung des Mietverhältnisses obliegenden weiteren Verpflichtungen erfüllt hat oder nicht.

Dies hat zur Folge, dass der Vermieter das Mietobjekt auch dann zurücknehmen muss, wenn es – zum Beispiel hinsichtlich Renovierungen – nicht dem vertragsgemäßen Zustand entspricht. Ihm stehen dann aber möglicherweise Ersatzansprüche gegen den Mieter zu, z. B. auf entgangenen Mietzins.

Nimmt der Vermieter die ihm angebotene Mietsache **nicht zurück**, z. B. weil das Mietobjekt beschädigt oder nicht renoviert ist, haftet der Mieter nur noch für vorsätzliche oder grob fahrlässige Beschädigungen des Mietobjektes!

Seine eingebrachten Einrichtungen darf dieser auf eigene Kosten wegnehmen, bei Beendigung des Mietverhältnisses ist er hierzu auch **verpflichtet**.

Die Schlussrenovierung

Eine Regelung in einem vom Vermieter verwendeten Formularmietvertrag, die den Mieter verpflichtet, die Mieträume bei Beendigung des Mietverhältnisses unabhängig vom Zeitpunkt der Vornahme der letzten Schönheitsreparaturen renoviert zurückzugeben, ist wegen einer unangemessenen Benachteiligung des Mieters unwirksam. In diesem Fall kann sich der Vermieter auch nicht auf die Klausel im Mietvertrag stützen, welche die Frage der laufenden Schönheitsreparaturen regelt. Etwas anderes kann aber in einem individuell ausgearbeiteten Mietvertrag oder durch einen besonderen, auch handschriftlichen Zusatz vereinbart werden.

Vermieterpflichten

Die Nebenkosten-Abrechnung

Die ganz überwiegende Mehrheit der Mietverträge sieht vor, dass der Mieter auf die Nebenkosten Vorschüsse zu bezahlen hat, über welche nach Ablauf der Verbrauchsperiode abzurechnen ist. Endet das Mietverhältnis dann während derselben, so hat der Mieter **grundsätzlich keinen Anspruch auf Erteilung einer Zwischenabrechnung** auf den Zeitpunkt der Beendigung des Mietverhältnisses. Hinsichtlich der verbrauchsabhängigen Nebenkosten hat der Mieter jedoch einen Anspruch auf **(Zwischen-)Ablesung** der Zählerstände bzw. sonstigen Verbrauchserfassungsgeräte.

Die Kautionsrückzahlung

Bei Beendigung des Mietverhältnisses hat der Mieter Anspruch auf Rückgabe der von ihm geleisteten Mietsicherheit (Kaution).

Fällig wird der Rückzahlungsanspruch jedoch erst nach Ablauf einer angemessenen Frist. Dies deshalb, weil der Vermieter Gelegenheit haben muss zu prüfen, ob und welche Ansprüche, die durch die Mietsicherheit gesichert sind, ihm zustehen. Die Frist bestimmt sich nach den Umständen, unter anderem danach, ob das Mietverhältnis einfach abzuwickeln ist, der Mieter das Mietobjekt in einem einwandfreiem Zustand zurückgegeben hat oder ob über die Umlagen und Nebenkosten schon haben abgerechnet werden können. In der Praxis wird üblicherweise ein Zeitraum von **drei bis sechs Monaten** angesetzt.

Mit dem Anspruch auf Rückzahlung der Kaution werden auch die Kautionszinsen fällig.

Berechtigte Ansprüche kann der Vermieter von der Kaution in Abzug bringen. Wegen noch **nicht fälliger** Ansprüche steht ihm grundsätzlich kein Zurückbehaltungsrecht zu.

Eine eng begrenzte **Ausnahme** gilt für **Nebenkostennachforderungen**. Insoweit besteht von vornherein ein Sicherungsbedürfnis des Vermieters auch für noch nicht fällige Ansprüche. Denn er ist nicht verpflichtet und häufig auch nicht in der Lage (z. B. bei Beendigung des Mietverhältnisses während einer laufenden Abrechnungsperiode), bei Beendigung des Mietverhältnisses eine Zwischenabrechnung vorzunehmen.

Jedoch ist die Nebenkostenabrechnung dem Mieter **spätestens bis zum Ablauf des 12. Monats nach Ende des Abrechnungszeitraumes** mitzuteilen.

Nach Ablauf dieser Frist ist die Geltendmachung einer Nachforderung durch den Vermieter ausgeschlossen, es sei denn der Vermieter hat die verspätete Geltendmachung nicht zu vertreten.

So verhält es sich regelmäßig bei Beendigung des Mietverhältnisses während einer laufenden Abrechnungsperiode. Zwar hat der Vermieter dann Zwischenablesungen hinsichtlich der Verbrauchskosten durchzuführen, eine Abrechnung jedoch regelmäßig erst nach Ablauf der Abrechnungsperiode vorzulegen.

Im Ergebnis hat dies zur Folge, dass der Vermieter auch über den zulässigen (Kautions-)Abrechnungszeitraum hinaus zur Zurückbehaltung der Kaution berechtigt ist, soweit er diese voraussichtlich benötigt. Der Höhe nach ist jedoch sein Sicherungsbedürfnis auf den **dreifachen Vorauszahlungsbetrag** zu beschränken oder aber auf die Höhe der vom Mieter in den vorausgegangenen Jahren zu leistenden Nachzahlungen.

Steht fest, dass der Vermieter keine Ansprüche gegen den Mieter mehr hat, dann wird ausnahmsweise der Kautionsrückzahlungsanspruch des Mieters schon mit Beendigung des Mietverhältnisses und nach vollständiger Räumung fällig.

Der Vertragsabschluss oder: Was muss der Mieter alles mit sich machen lassen?

Sie wollen es diesmal besser machen und sich vor Unterzeichnung eines Mietvertrages eingehend über die Möglichkeiten der Vertragsgestaltung informieren? Recht so!

Aber: Als potentieller Mieter muss man sich darüber im Klaren sein, dass man im Rahmen der Vertragsverhandlungen grundsätzlich die schlechtere Position hat. Erfahrungsgemäß bewerben sich auf ein Wohnungsangebot mehrere Mietinteressenten, sodass der Vermieter auswählen kann.

Das ist legitim, denn ist der Mietvertrag erst einmal unterschrieben, sitzt grundsätzlich der Mieter am längeren Hebel. Er kann das Mietobjekt nutzen, ohne dass er hieran vom Vermieter gehindert werden könnte, es sei denn, dieser hat einen gerichtlichen und vollstreckbaren Räumungstitel. Stellt z.B. der Mieter die Mietzahlungen ungerechtfertigt ein, kann es Monate dauern, bis der Vermieter einen vollstreckbaren Räumungstitel erwirkt und damit die Chance hat, den Mieter an die Luft zu setzen. Der Vermieter hat erhebliche finanzielle Einbußen zu befürchten: nicht nur die rückständigen Mieten, sondern auch die Kosten eines Räumungsprozesses und die ganz erheblichen Kosten der Zwangsvollstreckung. Dabei nützt es dem Vermieter nichts, wenn diese Kosten letztendlich vom säumigen Mieter zu tragen sind. Denn oft ist bei diesem nichts zu holen.

Vor diesem Hintergrund ist nachvollziehbar, dass viele Vermieter die Mietinteressenten besser kennen lernen, ihnen mitunter gar **auf den Zahn fühlen wollen**. Ungefragt muss der Mieter grundsätzlich keine persönlichen Angaben machen. Es wird allerdings die Auffassung vertreten, dass er verpflichtet ist, den Vermieter auch ohne entsprechende Nachfrage darüber zu informieren, dass er die Miete nur mit Hilfe des Sozialamtes aufbringen kann.

Eine gesetzliche Regelung hat dieser Bereich nicht erfahren, sodass es stets auf die Umstände des Einzelfalles ankommt. Ratschläge sind dementsprechend schwierig. Die (berechtigte oder unberechtigte) Verweigerung von Antworten durch den Mieter wird jedenfalls dessen Chancen nicht erhöhen, den begehrten Vertrag zu bekommen. Das im Allgemeinen für zulässig gehaltene **Schwindeln (Notlügen)** auf Vermieterfragen, die unmittelbar mit dem Mietvertrag nichts zu tun haben, ist wenig hilfreich.

Kommt der Vermieter dahinter, sind die persönlichen Beziehungen belaset. Da hilft es nur wenig, wenn auf diese Unehrlichkeit seitens des Vermieters nicht mit einer Kündigung reagiert werden kann, was wiederum von den Umständen des Einzelfalles abhängt.

Die Form

Mietverträge sind **grundsätzlich formfrei**. Eine **Ausnahme** besteht für Mietverträge über Wohnraum, die für länger als ein Jahr geschlossen werden.

Das Schriftformerfordernis hat unter anderem auch Beweisfunktion für die Vertragsparteien.

Zur Vermeidung von Missverständnissen sollte der Mietvertrag schriftlich fixiert werden. Das Problem in der Praxis ist, dass der Mietinteressent, mit welchem der Vermieter den Vertrag abschließen möchte, regelmäßig einen mehrseitigen Mustermietvertrag vorgelegt bekommt. Dessen Inhalt interessiert ihn abgesehen von der Miethöhe und den Nebenkostenvorauszahlungen meist nicht wirklich.

Und so bleibt es dann, wie es schon immer war: Der Vertrag wird erst unter die Lupe genommen, wenn der Streit über die wechselseitigen Verpflichtungen und Rechte bereits entbrannt ist.

Wird ein Mietvertrag für **längere Zeit als ein Jahr nicht in schriftlicher Form** geschlossen, so führt dies nicht zur Unwirksamkeit des Vertrages, sondern nur zur Unwirksamkeit der Mietzeitabrede. Das heißt, der Vertrag **gilt für unbestimmte Zeit**. Eine Kündigung ist dann jedoch frühestens zum Ablauf eines Jahres nach Überlassung des Wohnraums zulässig.

Umgekehrt gilt das Schriftformerfordernis dann, wenn ein Vertrag auf unbestimmte Zeit geschlossen und dabei eine Kündigungsfrist von einem Jahr vereinbart wird.

Die Schriftform ist **eingehalten**, wenn

- sich alle wesentlichen Vertragsbedingungen, insbesondere das Mietobjekt, die Miete sowie die Dauer und die Parteien des Mietverhältnisses aus der Vertragsurkunde ergeben und
- sämtliche Vertragsparteien den Mietvertrag unterzeichnen.

Parteivereinbarung über die Form

Vereinbaren die Parteien selbst die Geltung einer bestimmten Form, so ist der unter Verstoß hiergegen abgeschlossene Vertrag **im Zweifel nichtig**.

Insgesamt gilt: Mit schriftlichen Vereinbarungen fahren Sie am besten.

Der Inhalt

Im Mittelpunkt der Vertragsverhandlungen und auch des dann in Schriftform gegossenen Vertrages steht naturgemäß die vom Mieter zu zahlende Miete.

Die Miete

Bei frei vermietetem Wohnraum kann diese vom Vermieter nach seinem Belieben festgesetzt werden. Allgemeine Schranken ergeben sich nur aus dem **Wucherverbot** und, speziell für die Wohnraummiete, aus dem **Verbot der Preisüberhöhung** nach dem Wirtschaftsstrafgesetzbuch.

Maßstab ist die **ortsübliche Vergleichsmiete**, welche gebildet wird aus den üblichen Entgelten, die in der Gemeinde oder einer vergleichbaren Gemeinde für Wohnraum vergleichbarer Art, Größe, Ausstattung, Beschaffenheit und Lage in den letzten vier Jahren vereinbart oder geändert worden sind. Üblicherweise können Sie entsprechende Informationen dem örtlichen Mietspiegel entnehmen. Diese darf um bis zu 20 Prozent (sogenannte Wesentlichkeitsgrenze) überschritten werden. Eine noch weiter gehende Mietforderung ist nur dann zulässig, wenn sie zur Deckung der laufenden Aufwendungen (Kapitalkosten und Bewirtschaftungskosten) des Vermieters erforderlich ist und sie unter Berücksichtigung der ortsüblichen Miete nicht in einem auffälligen Missverhältnis zur Leistung des Vermieters steht. Ein derartiges auffälliges Missverhältnis zur Leistung des Vermieters nehmen die Gerichte üblicherweise an, wenn die ortsübliche Miete um mehr als 50 % überschritten wird. Dann liegt Mietwucher vor.

Miete im vorgenannten Sinne sind auch Vorauszahlungen oder Pauschalen für Nebenkosten, Zuschläge für Sondernutzungen, sonstige Nebenleistungen wie Überlassung eines Gartens, einer

Garage oder die Benutzung von Gemeinschaftseinrichtungen wie einer Waschküche. Hierdurch soll verhindert werden, dass der Vermieter darauf ausweicht, für Nebenleistungen unangemessene Entgelte zu fordern.

Ist die Miete im vorgenannten Sinne **unangemessen hoch**, so führt das nicht zur Nichtigkeit des Mietvertrages, sondern lediglich zur Teilnichtigkeit der Vereinbarungen zur Miete, soweit die Überhöhung unzulässig ist. Der Vertrag bleibt bestehen, die Miete reduziert sich aber automatisch auf die ortübliche und der Mieter kann die zu viel bezahlte Miete vom Vermieter zurückverlangen! Der Rückforderungsanspruch gegen den Vermieter besteht zunächst fort. Das bedeutet, dass sich der Vermieter auch nach jahrelanger Zahlung einer überhöhten Miete nicht darauf berufen kann, er habe auf den Bestand der geleisteten Zahlungen vertrauen dürfen.

Die Vermieterpflichten

Die Gebrauchsüberlassungspflicht

Die **Hauptpflicht** des Vermieters besteht darin, dem Mieter den Gebrauch der Mietsache während der Mietzeit zu gewähren. Das heißt also, dass er dem Mieter das Mietobjekt **überlassen** und während der gesamten Zeit **belassen** muss.

Die Instandhaltungspflicht

Grundsätzlich sind sowohl die Instandhaltung als auch die Instandsetzung der Wohnung Sache des Vermieters.

Verpflichtung zur Mangelbeseitigung

Das heißt, dass nach der gesetzlichen Regelung der Vermieter alle Mängel der Mietsache beseitigen muss, die den vertragsgemäßen Gebrauch einschränken oder stören, und zwar auch dann, wenn es sich lediglich um unerhebliche Minderungen der Gebrauchstauglichkeit handelt. Dazu gehört auch die Beseitigung von gewöhnlichen

Abnutzungserscheinungen, welche der Mieter nach der gesetzlichen Regelung nicht zu vertreten hat.

Achtung: Beschädigungen, zum Beispiel in den Fluren, im Treppenhaus, an Türrahmen, die beim Einzug vom Mieter oder von dessen Hilfspersonen verursacht werden, hat der Mieter zu beseitigen.

Des Pudels Kern liegt in den Wörtchen **„Mangel"** und **„vertragsgemäß"**. Unter Juristen versteht man unter einem Mangel eine für den Mieter ungünstige Abweichung der Ist-Beschaffenheit von der Soll-Beschaffenheit.

Ist-Beschaffenheit: Wie der Name schon sagt, geht es hier um den Ist-Zustand, also darum, wie das Mietobjekt tatsächlich beschaffen ist.

Soll-Beschaffenheit: Hier geht es darum, wie das Mietobjekt aussehen müsste.

Es kommt also zunächst darauf an, was die Parteien als **Soll**beschaffenheit des Mietobjektes *vereinbart* haben.

Mangels konkreter Vereinbarung ist der zum vertragsgemäßen Gebrauch geeignete Zustand der Wohnung (die Sollbeschaffenheit) nach der berühmt-berüchtigten **Verkehrsanschauung** zu bestimmen. Es kommt also sozusagen darauf an, welchen Wohnungszustand der *Durchschnittsbürger* erwarten würde und könnte.

Eine Wohnung ist zum Beispiel dann nicht vertragsgemäß bzw. dann mangelhaft, wenn, **unabhängig von einem Verschulden des Vermieters**,

- Rostwasser aus den Leitungen kommt,
- die Wohnung oder das Wasser nicht ausreichend warm werden,
- Fenster undicht sind oder
- Lärm (auch von außen), durch den der Mietgebrauch beeinträchtigt wird, vorhanden ist.

Die Liste könnte fortgeführt werden. Zum Beispiel kann der Mieter einer nicht modernisierten Altbauwohnung mangels abweichender vertraglicher Vereinbarung einen Mindeststandard erwarten, der ihm ein zeitgemäßes Wohnen ermöglicht und alle mit der Haushaltsführung üblicherweise verbundenen Tätigkeiten unter Einsatz üblicher technischer Hilfsmittel erlaubt. Zwar kann auch ein unter dem Mindeststandard liegender Zustand der Wohnung dann vertragsgemäß sein, wenn er eindeutig vereinbart ist und der Mieter sich mit ihm einverstanden erklärt hat. Auch wenn der Vermieter mangels Vereinbarung zu einer allgemeinen Modernisierung einer Wohnung auf den jeweils neuesten technischen Stand nicht verpflichtet ist, kann der Mieter angesichts des technischen und wirtschaftlichen Fortschritts grundsätzlich erwarten, dass der vertragsgemäße Gebrauch einer Wohnung jedenfalls eine solche Lebensweise zulässt, die seit Jahrzehnten üblich ist und dem allgemeinen Lebensstandard entspricht, d. h. ohne Kakerlaken und mit fließend warmem Wasser.

Hierzu gehört zum Beispiel auch die Bereitstellung einer Stromversorgung, die einen Betrieb der gewöhnlichen Haushaltsgeräte ermöglicht. Eine derartige Ausstattung einer Wohnung wird unabhängig vom Baualter des Gebäudes oder einer Modernisierung der Wohnung allgemein erwartet. Das heißt, dass zumindest ein größeres Haushaltsgerät, die Waschmaschine oder der Geschirrspüler und gleichzeitig weitere haushaltsübliche Elektrogeräte, wie etwa ein Staubsauger, in der Wohnung benutzt werden können. Zu einer zeitgemäßen Wohnnutzung gehört außerdem, dass das Badezimmer über eine Stromversorgung verfügt, die nicht nur eine Beleuchtung, sondern auch den Betrieb von kleineren elektrischen Geräten über eine Steckdose ermöglicht.

Beispiel *Ein Vermieter wurde verurteilt, eine Steckdose im Badezimmer mit Fehlerstromschutzschalter zu installieren sowie die Stromversorgung der Wohnung so zu verändern, dass neben dem Betrieb eines Großverbrauchers wie Wasch- oder Geschirrspülmaschine ein gleichzeitiger weiterer Stromverbrauch möglich ist.*

Übertragung der Instandhaltungspflicht auf den Mieter?
In der Praxis vereinbaren die Mietvertragparteien i. d. R., dass der **Mieter** ganz oder in einem gewissen Umfang **selbst** Instandhaltungsmaßnahmen treffen bzw. Schönheitsreparaturen (dazu später) **durchführen muss**.

Auch die **Kostenbeteiligung** des Mieters an **Kleinreparaturen** ist individualvertraglich wirksam. Ist ein Formularmietvertrag abgeschlossen, sind entsprechende Klauseln nur zulässig,

- sofern sie sich auf Gegenstände beschränken, die dem direkten und häufigen Zugriff des Mieters ausgesetzt sind (also nicht z. B. Gas-, Wasser- und Stromleitungen) und
- deren Reparaturkosten 50–75 € nicht überschreiten.
- Außerdem muss ein jährlicher Höchstbetrag für die Kostenbeteiligung festgelegt sein, der 150–200 € bzw. höchstens acht Prozent der Jahresmiete nicht überschreiten darf.

Fehlt es an einer derartigen Begrenzung, ist die Klausel insgesamt unwirksam. Der Mieter ist dann auch nicht verpflichtet, Kosten für solche Reparaturen zu übernehmen, welche innerhalb der genannten Höchstgrenzen bleiben!

Schönheitsreparaturen
Schönheitsreparaturen sind nur diejenigen Maßnahmen, die **in der Regel nur optische Abnutzungserscheinungen** beseitigen. Der Vermieter muss also das, was durch den vertragsgemäßen Gebrauch abgenutzt oder beschädigt wurde, selbst ersetzen und instand halten. Hierzu zählen insbesondere:

- Streichen und Tapezieren der Wände und Decken,
- Versiegeln von Holzfußböden,
- Streichen von Fensterrahmen, Heizkörpern, Innentüren, Außentüren von innen.

Nicht zu den Schönheitsreparaturen gehören:

- Putz-, Isolierungs-, Maurerarbeiten (Reparaturen),
- Glaserarbeiten,
- Arbeiten an der elektrischen Anlage, an Türschlössern,
- Außenanstrich des Balkons,
- Anstrich von Gemeinschaftsräumen, Fluren, Treppenhäusern,
- vertragsgemäßer Gebrauch des Teppichbodens mit entsprechendem Verschleiß.

Erfasst werden also im Wesentlichen Maler- und Tapezierarbeiten zur Herstellung der äußeren Ansehnlichkeit der Mieträume, nicht jedoch die Beseitigung eigentlicher Schäden an der Bausubstanz wie Putz- und Mauerwerk, ebenso wenig die Beseitigung von Schäden an Türen, Fenstern oder Installationen. Derartige Reparaturen sind normalerweise vom Vermieter zu übernehmen.

Nicht zu den Schönheitsreparaturen gehört andererseits auch die Beseitigung von Schäden, die nicht auf eine normale Abnutzung zurückzuführen sind. Die Kosten dieser Maßnahmen sind stets vom Mieter zu tragen.

Grundsätzlich hat der Vermieter als Teil seiner Instandhaltungspflicht Schönheitsreparaturen durchzuführen. Bei der Vermietung von Wohnraum werden die sogenannten Schönheitsreparaturen jedoch regelmäßig der Mieterseite aufgebürdet. Derartige Vereinbarungen sind grundsätzlich wirksam, wenn sie durch eine Individualvereinbarung getroffen worden sind. Auch in Formularmietverträgen, insbesondere Einheitsmietverträgen, ist die Abwälzung der Instandhaltungspflicht möglich.

Die Frage nach der Wirksamkeit von Formularklauseln für Reparaturen etc. kann ehrlicherweise nur mit einem (Antwort-)Zitat aus dem Roman „Die Feuerzangenbowle" (1933, Hans Reimann/Heinrich Spoerl; verfilmt mit Heinz Rühmann) auf die Frage nach der

„Dampfmaschin'" beantwortet werden: „Det weiß eijentlisch keener so jenau".

Die gesetzliche Zauberformel lautet: **„Unangemessene Benachteiligung des Mieters"**

Die Gerichte haben in den letzten Jahren hierzu zahlreiche – meist mieterfreundliche – Entscheidungen zur Wirksamkeit bzw. Unwirksamkeit derartiger Formularklauseln getroffen. Es befindet sich jedoch einiges nach wie vor im Fluss.

Kommt es im Hinblick auf die Durchführung von Schönheitsreparaturen zum Streit zwischen den Mietvertragsparteien, ist dringend die Inanspruchnahme fachkundiger Rechtsberatung angeraten!

Grundsätzlich kann gesagt werden, dass die Renovierungspflicht des Mieters nicht in das freie Ermessen (willkürliche Entscheidung) des Vermieters gestellt sein darf. D.h. der Vermieter kann vom Mieter nicht willkürlich die Durchführung von Schönheits- und Reparaturmaßnahmen erwarten. Sie bedarf vielmehr einer klaren zeitlichen Begrenzung, etwa durch einen Fristenplan.

Fristenpläne

Grundsätzlich ist es zulässig, Fristen für die Vornahme von Schönheitsreparaturen zu vereinbaren. Üblich sind Klauseln, nach denen die Schönheitsreparaturen zeitlich gestaffelt werden:

- für Küchen, Bäder und Duschen drei Jahre,
- Wohn- und Schlafräume, Flure, Dielen und Toiletten fünf Jahre,
- andere Nebenräume sieben Jahre.

Ein derartiger Regelfristenplan ist auch bei Überlassung einer unrenovierten Wohnung zulässig, sofern vereinbart ist, dass die Fristen für die Vornahme der Schönheitsreparaturen erst ab Beginn des Mietverhältnisses zu laufen beginnen. Dann nämlich ist der Mieter nicht früher zur Vornahme von Schönheitsreparaturen verpflichtet, als bei Überlassung einer renovierten Wohnung.

Unzulässig sind sogenannte **starre Fristenpläne** in Formularmietverträgen. Denn diese suggerieren dem Mieter eine Renovierungspflicht auch dann, wenn die gemieteten Räume nach ihrem tatsächlichen Erscheinungsbild noch nicht renovierungsbedürftig sind. Entscheidend ist, dass der Mieter die Schönheitsreparaturen dem tatsächlichen Bedarf anpassen kann. Zulässig sind daher Klauseln, wonach die Schönheitsreparaturen „bei Bedarf" zu erfolgen haben.

Der Unwirksamkeit einer formularmäßigen Abwälzung der Renovierungspflicht kann der Vermieter dadurch entgehen, dass er zwar eine Fristenregelung trifft, das Überschreiten der vereinbarten Fristen aber gestattet, wenn der Wohnraum sich nach Ablauf der Fristen tatsächlich noch nicht in einem renovierungsbedürftigen Zustand befindet. Umgekehrt kann auch eine Renovierungspflicht vor Ablauf der Frist vereinbart werden, wenn der Wohnraum tatsächlich schon vor Ablauf der vereinbarten Fristen in besonders starkem Maße abgenutzt ist.

Zulässig sind auch Klauseln, die den Mieter im Falle der Beendigung des Mietverhältnisses vor Ablauf der vereinbarten Regelfristen zu einer zeitanteiligen Kostenbeteiligung verpflichten und dem Mieter dabei die Wahl einräumen zwischen der Zahlung und einer sachgerechten Renovierung.

Enthält Ihr Formularmietvertrag starre Renovierungsfristen, dann sind auch Klauseln, die Sie zur anteiligen Kostenübernahme bei vorzeitigen Auszug verpflichten, unwirksam. Denn die quotenmäßige Kostenübernahme steht in engem Zusammenhang mit dem starren Fristenplan.

Auch dann, wenn die Verpflichtung zur Durchführung von Schönheitsreparaturen nach einem nicht starren Fristenplan wirksam vereinbart worden ist, sind sogenannte „Abgeltungsklauseln mit starrer Abgeltungsquote" unwirksam. Solche liegen vor, wenn bei Beendigung des Mietverhältnisses Schönheitsreparaturen noch nicht fällig sind und der Mieter für diesen Fall die Zahlung eines **allein** vom Zeitablauf abhängigen Anteils an den Kosten übernehmen soll.

Maßgeblich ist allein, ob tatsächlich Renovierungsbedarf besteht.

Ausreichend für eine wirksame Übertragung der Schönheitsreparaturen, und auch im Sinne des Vermieters völlig genügend, sind Klauseln wie:

- Die Schönheitsreparaturen trägt der Mieter.
- Die Schönheitsreparaturen hat der Mieter auf seine Kosten auszuführen.

Fachhandwerkerklauseln

Grundsätzlich kann der Vermieter vom Mieter nicht verlangen, dass dieser die Schönheitsreparaturen durch einen **Fachbetrieb** ausführen lässt. Derartige Formularklauseln sind ganz allgemein **unwirksam**.

Der Mieter kann nämlich den günstigeren Weg der **Selbstvornahme** wählen. Auch dies hat allerdings nach dem Gesetz in **mittlerer Art und Güte** zu erfolgen, darf also nicht **unter** fachhandwerklichem Niveau liegen.

Wann sind Schönheitsreparaturen fällig?

Wann der Mieter die Schönheitsreparaturen durchführen muss, hängt von den Umständen des Einzelfalles, insbesondere natürlich von den getroffenen Vereinbarungen ab. Ist kein Fristenplan vereinbart, so wird der Anspruch des Vermieters auf Vornahme der Schönheitsreparaturen fällig, sobald aus der Sicht eines objektiven Betrachters Renovierungsbedarf besteht, ohne dass es darauf ankäme, ob bereits die Substanz der Wohnung gefährdet ist.

Ist der Mieter mit der Durchführung von Schönheitsreparaturen in Verzug, kann der Vermieter dem Mieter eine **Frist zur Durchführung** der Schönheitsreparaturen setzen und bei fruchtlosem Ablauf **Schadensersatz** statt der Durchführung der Schönheitsreparaturen verlangen. Er kann auch einen **Vorschuss** in Höhe der voraussichtlichen Renovierungskosten verlangen und die Renovierung selbst durchführen lassen. Zu dem vom Mieter etwa zu erstattenden Schaden kann unter anderem auch die dem Vermieter entgangene Miete gehören.

Im Einzelfall ist die Wirksamkeit von Formularklauseln nur schwer zu beurteilen. Denn nach der aktuellen Rechtsprechung können auch jeweils für sich unbedenkliche Klauseln in ihrer Gesamtwirkung zu einer unangemessenen Benachteiligung des Vertragspartners führen.

Die Mieterpflichten

Die Mietzahlung

Die Hauptpflicht des Mieters ist die Zahlung der vereinbarten Miete. Nach der gesetzlichen Regel ist die Miete üblicherweise **am Monatsanfang** zu zahlen.

Zu beachten ist, dass, im Gegensatz zum Mieterhöhungsverlangen, bei Neuvermietungen **keine Bindung an die ortsübliche Vergleichsmiete** besteht. Allerdings darf die verlangte Miete die ortsübliche Vergleichsmiete nicht um mehr als 20 % übersteigen, da sonst im Falle einer gerichtlichen Auseinandersetzung von der Unwirksamkeit der darüber hinausgehenden Mietvereinbarung auszugehen ist.

Etwas anderes kann dann gelten, wenn der Vermieter geltend macht, höhere Kosten, z.B. für umfangreiche Modernisierungs- oder Renovierungsarbeiten gehabt zu haben, mit der Folge, dass die Miete nicht einmal die Kosten deckt. Im Allgemeinen werden aber auch insoweit Überschreitungen der ortsüblichen Vergleichsmiete um mehr als 50 Prozent für unwirksam gehalten.

Obhutspflicht und Hausordnung

Die den Mieter treffende Obhutspflicht hat zum Gegenstand, jeden unangemessenen Gebrauch des Mietobjektes zu unterlassen. Sie erlischt nicht dadurch, dass der Mieter die Wohnräume leer stehen oder sonst ungenutzt lässt.

Eine solche Obhutspflicht ist häufig in vorformulierten **Hausordnungen** enthalten. Dort sind sie **nur insoweit zulässig**, als sie die dem Mieter gesetzlich obliegenden Pflichten nur konkretisieren.

Dagegen sind sie unwirksam, soweit sie dem Mieter darüber hinausgehende Pflichten auferlegen. Denn der Mieter kann sich darauf verlassen, dass sämtliche ihn treffenden Verpflichtungen im Mietvertrag aufgeführt und nicht in Hausordnungen versteckt sind.

Eine Hausordnung hat zumeist zum Inhalt, dass der Mieter verpflichtet ist,

- die eigenen Räume zu säubern und
- gemeinschaftlich genutzte Räume nicht über das vertragsgemäß Übliche hinaus zu verschmutzen,
- bzw. etwaige Verschmutzungen, die allein ihm zuzurechnen sind, zu beseitigen,
- mit Gas, Strom und Wasser vorsichtig umzugehen, einen unnötigen Verbrauch zu vermeiden,
- die dementsprechenden Installationen pfleglich zu behandeln.

Dauerbrenner: Lüftungsverhalten des Mieters

Eine spezielle Ausprägung erfährt die den Mieter treffende Obhutspflicht hinsichtlich seines **Lüftungsverhaltens**. Bestimmte Lüftungsregeln haben sich nicht durchgesetzt, da es immer auf den Einzelfall ankommt. So macht es erhebliche Unterschiede, ob eine Mietwohnung in einem Altbau gelegen ist oder in einem Niedrigenergiehaus. Einigkeit besteht jedoch insoweit, als die Kippstellung der Fenster nicht nur nichts nutzt, sondern auch Heizenergie verschwendet.

Im Rahmen der Zumutbarkeit obliegt es dem Mieter, ausreichend zu lüften und zu heizen und hierbei die Besonderheiten der jeweiligen Wohnung zu beachten. Die Meinungen darüber, was dem Mieter zumutbar ist, gehen naturgemäß auseinander. Dies gilt auch für die Frage, welchen Wandabstand der Mieter beim Aufstellen von Möbeln einzuhalten hat, um eine ausreichende Luftzirkulation zu gewährleisten.

Das Heizen des Schlafzimmers kann der Vermieter grundsätzlich nicht verlangen, wenn der Mieter gewohnt ist, kalt zu schlafen. Der Mieter schuldet also keine besondere Klimapflege für seine Wohnung.

Andererseits ist der Mieter verpflichtet, im Rahmen seines Mietgebrauches Vorkehrungen zu treffen, um ein Einfrieren zu verhindern, z. B. durch ausreichende Beheizung der Wohnung im Falle längerer Abwesenheit im Winter.

Zum Streit zwischen den Mietvertragparteien kommt es in diesem Zusammenhang häufig, wenn in der Wohnung **Schimmel** auftritt. Während Mieter hierfür regelmäßig bauliche Unzulänglichkeiten verantwortlich machen, schieben die Vermieter den Mietern die Verantwortung zu, unter Hinweis auf ein falsches Heizungs- und Lüftungsverhalten.

In der Praxis sind bauliche Unzulänglichkeiten nur in den seltensten Fällen für den in einer Wohnung auftretenden Schimmel verantwortlich. Regelmäßig ist der Schimmel verursacht durch eine zu hohe Luftfeuchtigkeit, weil nicht richtig geheizt, gelüftet und gewohnt wird. Verletzt der Mieter seine Obhutspflicht **schuldhaft**, so haftet er dem Vermieter auf Schadensersatz.

Die Anzeigepflicht des Mieters

Eine spezielle Ausprägung der Obhutspflicht stellt die Anzeigepflicht des Mieters dar. Sie bezieht sich auf alle im Laufe der Mietzeit sich offenbarenden Zustände, die **vorbeugende Maßnahmen** erforderlich machen (z.B. gelockerte Dachziegel, Undichtigkeiten von Wasserleitungen etc.).

Dies gilt natürlich dann nicht, wenn dem Vermieter der Mangel bekannt oder der Mangel für ihn offensichtlich ist.

Im Falle der **schuldhaften** Unterlassung einer gebotenen Anzeige verliert der Mieter, wenn der Vermieter infolge der unterlassenen Anzeige keine Abhilfe schaffen konnte, das Recht zur Mietminderung, den Schadensersatzanspruch wegen Nichterfüllung oder das Kündigungsrecht. Darüber hinaus ist der Mieter dann zum Schadensersatz verpflichtet. Dies gilt nicht, wenn der Vermieter auch bei rechtzeitiger Anzeige den Schaden nicht hätte abwenden können.

Duldung der Besichtigung der Mieträume

Grundsätzlich hat der Mieter das **Hausrecht** an den von ihm gemieteten Räumen. Dies schließt aus, dass der Vermieter die Mieträume des Mieters nach eigenem Ermessen betreten und besichtigen kann.

Abgesehen von vertraglichen Regelungen – ein jederzeitiges Recht zum Betreten wird allerdings für unwirksam gehalten – besteht ein Recht des Vermieters zum Betreten und Besichtigen der Mietwohnung grundsätzlich nur dann, wenn er hierauf angewiesen ist, um seine Pflichten zu erfüllen und/oder seine Rechte wahrzunehmen, insbesondere

- um das Mietobjekt auf seinen vertragsgemäßen Zustand zu überprüfen. Denn grundsätzlich ist der Vermieter für das Mietobjekt instandhaltungspflichtig. Es muss ihm daher auch ermöglicht werden, sich in regelmäßigen Abständen ein Bild vom Zustand der Mietwohnung verschaffen zu können. Welche zeitlichen Abstände angemessen sind, ist, wie vieles andere auch im Mietrecht, umstritten. Eine jährliche oder zweijährliche Besichtigung dürfte im Rahmen des dem Mieter Zumutbaren liegen. Die Überprüfung des vertragsgemäßen Zustandes der Wohnung kann auch die Prüfung zum Gegenstand haben, ob der Mieter seine Verpflichtungen, z. B. zur Durchführung von Schönheitsreparaturen, erfüllt hat,

- um Messeinrichtungen abzulesen,
- um die Räume im Zusammenhang mit der Beendigung des Mietverhältnisses mit etwaigen Mietinteressenten oder etwa mit Kaufinteressenten besichtigen zu können; Letzteres ist deshalb wichtig, weil der Erwerber/Käufer ein eigenes Besichtigungsrecht grundsätzlich erst ab Eintragung im Grundbuch hat,
- bei Verdacht auf vertragswidrigen Gebrauch der Wohnung oder Vernachlässigung der Obhutspflicht durch den Mieter.

Zu angemessener Zeit

Die Einzelheiten der Wahrnehmung des Besichtigungsrechtes sind umstritten. Allgemein wird man davon ausgehen können, dass es **nur an Werktagen** (und im Allgemeinen nicht an Sonn- und Feiertagen) zu angemessener Tageszeit (10 bis 13:00 Uhr, 15 bis 18:00 Uhr) wahrgenommen werden kann. Da der Vermieter von seinem Recht nur in einer den Mieter schonenden Weise Gebrauch machen darf, bedarf es grundsätzlich der **Terminabsprache**, zumindest also einer mindestens 24-stündigen Vorankündigung. Bei Berufstätigen wird gar eine Frist von vier Tagen bis zu einer Woche für erforderlich gehalten.

Der Vermieter darf von seinem Besichtigungsrecht im Verkaufsfalle grundsätzlich nicht fortlaufend Gebrauch machen. Allerdings ist vieles umstritten.

Beispiele *So hält es ein Gericht für zulässig, dass der berufstätige Mieter dreimal monatlich Besichtigungen zwischen 19 und 20 Uhr für jeweils 30 bis 45 Minuten erdulden muss! Andere Gerichte erlauben die Besichtigung einmal wöchentlich während drei Vormittagsstunden und gestehen in Eilfällen einen weiteren Tag zu. Dabei handelt es sich allerdings um Einzelfallentscheidungen, die nicht auf gewöhnliche Mietverhältnisse, welche störungsfrei verlaufen und keinen besonderen Anlass zur Besichtigung geben, übertragen werden können.*

Folgen der Weigerung

Verweigert der Mieter dem Vermieter den berechtigten Zutritt zur Wohnung, so kann der Vermieter sein Recht nicht gewaltsam erzwingen. Die Weigerung des Mieters stellt auch keinen Kündigungsgrund dar. Der Vermieter muss vielmehr den Rechtsweg beschreiten, gegebenenfalls im Wege der einstweiligen Verfügung.

Duldung von Instandhaltungsmaßnahmen

Da der Vermieter verpflichtet ist, die Mieträume instand zu setzen und instand zu halten, ist umgekehrt der Mieter verpflichtet, derartige Maßnahmen zu dulden. Hierunter fallen **insbesondere Sicherungsmaßnahmen** des Vermieters vor drohenden Schäden. Allerdings braucht der Mieter nur die **erforderlichen** Arbeiten zu dulden.

Duldung von Modernisierungsmaßnahmen

Modernisierungsmaßnahmen sind solche baulichen Veränderungen, die eine Steigerung des Wohnwertes zur Folge haben bzw. beabsichtigen, etwa:

- Maßnahmen zur Verbesserung der Mietsache (Sanitäranlagen, Schallschutz, Belichtung, Belüftung, Raumzuschnitt),
- Maßnahmen zur Einsparung von Energie oder Wasser,
- Maßnahmen zur Schaffung neuen Wohnraums.

Keine Modernisierungsmaßnahmen sind Reparaturen oder Instandhaltungsarbeiten. Die Abgrenzung ist mitunter schwierig.

Welche Probleme können auftreten?
Bezüglich der Modernisierungsmaßnahmen stellen sich die Fragen,

- ob solche Veränderungen **zulässig** und
- vom Mieter **zu dulden** sind,
- wer die **Kosten** hierfür tragen muss,
- ob eine **Mieterhöhung** auf die Modernisierungsmaßnahmen gestützt werden kann.

Grundsätzliches
Modernisierungsmaßnahmen hat der Vermieter dem Mieter **in Textform** mitzuteilen, spätestens drei Monate vor deren Beginn nach

- Art,
- voraussichtlichem Umfang und Beginn,
- voraussichtlicher Dauer und
- nach der zu erwartende Mieterhöhung

Die Textform wird nicht durch eine vorherige ausführliche mündliche Information überflüssig. Die Informationsverpflichtung entfällt auch nicht dann, wenn die Maßnahmen zwar nicht die Wohnung des Mieters betreffen, aber eine Wertsteigerung darstellen, die zu einer Mieterhöhung führen kann. Die schriftliche Ankündigung ist nur dann nicht erforderlich, wenn die Maßnahmen mit einer nur unerheblichen Einwirkung auf die vermieteten Räume verbunden sind und nur zu einer unerheblichen Mieterhöhung (maximal fünf Prozent der monatliche Kaltmiete) führen.

Kündigungsrecht des Mieters
Dem Mieter gibt die schriftliche Mitteilung von Modernisierungsmaßnahmen das Recht, bis zum Ablauf desjenigen Monats, der auf den Zugang der Mitteilung folgt, außerordentlich zum Ablauf des nächsten Monats zu kündigen.

Will der Vermieter also modernisieren, steht dem Mieter ein außerordentliches Kündigungsrecht zu.

Wann muss der Mieter die Modernisierungsmaßnahmen nicht dulden?
Der Mieter muss die Modernisierungsmaßnahmen nicht dulden, wenn sie für ihn, seine Familie oder einen anderen Angehörigen seines Haushalts eine Härte bedeuten würde, die auch unter Würdigung der berechtigten Interessen des Vermieters und anderer Mieter in dem Gebäude nicht zu rechtfertigen ist. Dabei spielen insbesondere eine Rolle:

- die vorzunehmenden Arbeiten,
- deren baulichen Folgen,
- vorausgegangene Aufwendungen des Mieters und
- die zu erwartende Mieterhöhung (diese allerdings dann nicht, wenn die Mietsache lediglich in einen Zustand versetzt wird, wie er allgemein üblich ist).

Beispiele
Bei einer Energiesparmaßnahme gerät die monatliche Mieterhöhung mehr als doppelt so hoch wie die monatliche Ersparnis, Sinn und Zweck der Maßnahme sind also nicht ersichtlich!
Die Maßnahme soll kurz vor dem ohnehin bevorstehenden Auszug des Mieters durchgeführt werden; der Vermieter kann bis zum Auszug des Mieters warten!
Witterungsabhängige Arbeiten, z. B. der Austausch von Fenstern, der Heizung und dergleichen, im Winter sind unüblich und nicht zumutbar!

WC, Bäder oder Duschen können über eine längere Zeit nicht benutzt werden und ein zeitweiliger Umzug in eine andere Wohnung ist dem Mieter nicht zumutbar (etwa bei Krankheit, fortgeschrittener Schwangerschaft, Alter). Hier besteht in der Regel ein Minderungsrecht!
Dem Mieter sind die baulichen Folgen der Modernisierung nicht zuzumuten, z. B. weil sich der Grundriss bzw. die Raumaufteilung erheblich verändern und dann seinem individuellen Wohnbedarf nicht mehr entsprechen.
Der Mieter hat mit Zustimmung des Vermieters bereits Modernisierungsmaßnahmen durchgeführt, die durch die beabsichtigte Modernisierung des Vermieters wieder sinnlos würden, vorherige Absprachen sind hier durchaus zu empfehlen!

Beeinträchtigung durch die Umbauarbeiten/ Mietminderungsrecht
Dass der Mieter zur Duldung der Modernisierungsmaßnahmen verpflichtet ist, bedeutet nicht, dass er die durch die Umbauarbeiten selbst verursachten Beeinträchtigungen seines Mietgebrauches klaglos hinzunehmen hätte. Er kann vielmehr seine **Gewährleistungsrechte** geltend machen, insbesondere eine entsprechende Mietminderung. Im Übrigen gilt, dass die **Kosten** der Modernisierungsmaßnahmen selbstverständlich **zu Lasten des Vermieters** gehen.

Dies beinhaltet auch den Mehraufwand, d. h. Kosten, die der Mieter durch die Maßnahmen hat, z. B.

- Reinigungskosten,
- Kosten für den Abtransport und die Einlagerung von Möbeln und Einrichtungsgegenständen,
- Kosten zur Beseitigung von Schäden an Sachen des Mieters, welche durch die Modernisierungsmaßnahmen verursacht worden sind.

Mieterhöhungsverlangen nach Modernisierung

Sind die Modernisierungsmaßnahmen abgeschlossen, geht der Ärger oft erst richtig los. Denn dem Mieter flattert ein Mieterhöhungsverlangen des Vermieters ins Haus.

Dazu ist der Vermieter nur dann **berechtigt**, wenn

- der Gebrauchswert der Wohnung nachhaltig erhöht worden ist,
- die allgemeinen Wohnverhältnisse auf Dauer verbessert werden,
- Einsparungen von Energie oder Wasser bewirkt worden sind.

Diese Einschränkungen gelten nicht, wenn dem Vermieter eine Modernisierungsmaßnahme, z. B. durch Gesetz, auferlegt worden ist. Umgekehrt ist bei Zeitmietverträgen, Staffelmietverträgen und Indexmietverträgen eine Mieterhöhung ausgeschlossen.

Umfang der Mieterhöhung

Der Höhe nach ist das Mieterhöhungsverlangen dahingehend begrenzt, dass die jährliche Miete um **maximal 11 Prozent** der auf die Wohnung aufgewendeten Kosten erhöht werden darf. Sind die baulichen Maßnahmen für mehrere Wohnungen durchgeführt worden, so sind die Kosten angemessen auf die einzelnen Wohnungen aufzuteilen. Wird z. B. in einem mehrgeschossigen Haus ein Fahrstuhl installiert, haben die in den oberen Etagen befindlichen Wohnungen einen höheren Nutzen davon als z. B. die Erdgeschosswohnungen und deshalb auch eine höhere Mietsteigerung zu befürchten.

Form des Erhöhungsverlangens

Die Mieterhöhung ist in **Textform** zu erklären und nur dann wirksam, wenn in ihr die Erhöhung auf Grund der entstandenen Kosten **berechnet und erläutert** wird. Die Erhöhung wird, wie alle anderen Mieterhöhungen auch, mit Beginn des dritten Monats nach Zugang des im Textform abgefassten Erhöhungsverlangens wirksam.

Kündigungsrecht des Mieters

Macht der Vermieter eine Mieterhöhung in dem vorgenannten Sinne geltend, so kann der Mieter bis zum Ablauf des zweiten Monats nach dem Zugang des Mieterhöhungsverlangens das Mietverhältnis außerordentlich zum Ablauf des übernächsten Monats kündigen. Kündigt der Mieter, so tritt die Mieterhöhung **nicht** ein.

Rechte bei Pflichtverletzungen

Mieterrechte

Erfüllt der Vermieter seine Verpflichtungen nicht, insbesondere nicht die zur Überlassung und Belassung einer mangelfreien Mietsache, so muss der Mieter das nicht tatenlos hinnehmen.

Er kann vielmehr nebeneinander

- Erfüllung der Pflichten des Vermieters verlangen,
- Mängelrechte (Minderung, Schadensersatz-, Aufwendungsersatz) geltend machen, und vor allem
- kündigen.

Voraussetzung ist zunächst das Vorliegen eines **Mangels** oder das **Fehlen einer Eigenschaft** an der Wohnung, die vertraglich vereinbart worden ist.

Was ist ein Mangel?

Grundlegendes zum Mangel ist bereits oben auf S. 3 gesagt, dass nämlich der Ist-Zustand der Wohnung schlechter als der vertraglich vorgesehene Zustand ist.

Sonderfall: Wohnfläche

Die Wohnfläche ist relevant nicht nur für die aktuelle Miethöhe, sondern auch für Nebenkostenabrechnungen und etwaige Mieterhöhungen. Stellt sich heraus, dass eine Wohnung tatsächlich kleiner ist als im Mietvertrag angegeben, so hat dies nicht zwangsläufig Gewährleistungsrechte des Mieters zur Folge. Denn selbst dann, wenn die Fläche im Mietvertrag angegeben ist, wird dies in der Praxis nicht automatisch als Zusicherung gewertet. Vielmehr wird die Angabe der Wohnfläche im Mietvertrag regelmäßig nur als ungefähre Beschreibung des Mietobjektes betrachtet. Grundsätzlich können Gewährleistungsrechte auf eine abweichende Wohnfläche nur dann gestützt werden, wenn die Wohnfläche zwischen den Vertragsparteien vereinbart oder vom Vermieter zugesichert worden ist, sei es auch nur mittelbar, z. B. dadurch, dass die Miete pro Quadratmeter errechnet wird.

Oft fehlt es an einer derartigen Vereinbarung. Liegt eine solche jedoch vor, so stellt eine Wohnfläche, die mehr als 10 Prozent unter der im Mietvertrag vereinbarten liegt, grundsätzlich einen Mangel der Mietsache dar, der den Mieter zur Minderung der Miete berechtigt.

Problematisch ist, dass das Gesetz keine Definition der Wohnfläche enthält, soweit es um Mietvertragsangelegenheiten geht. Der Begriff der Wohnfläche kann auch im privaten Wohnraummietrecht anhand der Bestimmungen der Berechnungsverordnung bzw. der seit dem 1. 1. 2004 geltenden Wohnflächenverordnung bestimmt werden, auch wenn diese ihrem Wortlaut nach nur die Berechnung von Wohnflächen nach dem Wohnraumförderungsgesetz betrifft.

Der Mieter hat in der Regel **keinen Anspruch auf Rückerstattung** von Miete, die er wegen einer tatsächlich geringeren Wohnfläche zu viel bezahlt hat. Ein derartiger Rückforderungsanspruch setzt voraus, dass der Vermieter **schuldhaft** eine zu große Wohnfläche angegeben hat. Hieran fehlt es, wenn der Vermieter das Objekt seinerseits erworben und auf die Größenangaben des Veräußerers vertraut hat, ohne an deren Richtigkeit zweifeln zu müssen. In der Regel führt also eine erhebliche Wohnflächenabweichung lediglich zu einer Anpassung der Miethöhe für die Zukunft.

Fehlt es an einer Beschaffenheitsvereinbarung, so ist auf die Einhaltung der maßgeblichen technischen Normen nach dem zum Zeitpunkt der Errichtung des Gebäudes geltenden Maßstabs abzustellen. Dies bedeutet, dass z. B. der Mieter einer nicht modifizierten Altbauwohnung mangels abweichender vertraglicher Vereinbarungen allenfalls einen Mindeststandard erwarten kann, der ein zeitgemäßes Wohnen ermöglicht und den Einsatz der für die Haushaltsführung allgemein üblichen elektrischen Geräte erlaubt, nicht jedoch z. B. Isolierglasfenster, modernen Schall- und Wärmeschutz und dergleichen.

Ein Mangel der Mietsache liegt auch vor, wenn eine vom Vermieter **zugesicherte Eigenschaft** der Wohnung fehlt oder später wegfällt.

Der Vermieter muss dem Mieter zu erkennen geben, dass er für den Bestand der betreffenden Eigenschaft und alle Folgen ihres Fehlens einstehen will. Im Unterschied zum reinen Mangel haftet der Vermieter hier auch dann, wenn die Gebrauchstauglichkeit des Mietobjektes durch das Fehlen oder den späteren Wegfall diese Eigenschaft nur unerheblich beeinträchtigt wird. Eigenschaftszusicherungen kommen allerdings im Wohnraummietrecht in der Praxis nur selten vor.

Ausschluss der Gewährleistung

Ausgeschlossen sind Mietminderung, Schadensersatz und Aufwendungsersatzansprüche, wenn

- ein Mangel die Gebrauchstauglichkeit **nur unerheblich beeinträchtigt** (z. B. defekte Glühbirne);
- wenn der Mieter bei *Abschluss des Vertrages* den Mangel oder das Fehlen einer zugesicherten Eigenschaft kennt,
- der Mieter bei *Abschluss des Vertrages* den Mangel grob fahrlässig nicht kennt und keine Arglist von Seiten des Vermieters vorliegt,

- der Mieter bei *Übergabe* den Mangel kennt und sich seine Rechte nicht vorbehält, und zwar auch bei Arglist des Vermieters,
- der Mieter den Mangel dem Vermieter nicht anzeigt und der Vermieter deshalb keine Abhilfe schaffen konnte. Hintergrund ist, dass der Vermieter Kenntnis von dem Mangel erhalten muss, damit er die Möglichkeit zur Abhilfe hat. Wird ihm diese Kenntnis vom Mieter nicht verschafft, so kann dieser auch nicht mindern; erhalten bleibt dem Mieter aber das Selbsthilferecht und sein Aufwendungsersatzanspruch (s. Seite 60),
- Verschulden des Mieters hinsichtlich der Entstehung des Mangels; das Gleiche gilt, wenn die Ursache eines Mangels oder einer Beschädigung aus dem Verantwortungsbereich des Mieters stammt; dann verliert der Mieter auch seinen Anspruch auf Beseitigung des Mangels.

Mangelndes Verschulden des Vermieters an der Entstehung des Mangels schließt die Rechte des Mieters nicht aus, da es auf Verschulden nicht ankommt.

Zurückbehaltungsrecht

Auch wenn in den o. g. Fällen eine Mietminderung, ein Schadensersatz- bzw. ein Aufwendungsersatzanspruch ausgeschlossen ist, kann sich der Mieter in der Regel gegenüber dem Anspruch des Vermieters auf Zahlung der Miete auf sein Zurückbehaltungsrecht berufen, also die Zahlung der Miete von der Beseitigung des Mangels abhängig machen. Denn durch die vorgenannten Ausschlussgründe verliert er nicht seinen Anspruch auf Überlassung und Belassung einer mangelfreien Mietsache.

Vertraglicher Ausschluss?

Bei der Wohnraummiete kann das Recht auf Minderung nicht vertraglich ausgeschlossen werden. Steht im Mietvertrag, dass der Mieter die Miete nicht mindern darf, so ist dies unwirksam.

Der Mieter darf immer die Miete mindern, wenn ein Mangel und kein gesetzlicher Ausschlussgrund vorliegt.

Im Falle von Rechts**mängeln** sind die Vorschriften über die Mängelrechte entsprechend anwendbar.

Hauptfall ist die **Doppelvermietung:** Für denjenigen Mieter, dessen Vertrag der Vermieter nicht erfüllen – das Mietobjekt also nicht überlassen – kann, handelt es sich um einen Mangel.

Voraussetzung ist, dass das Recht des Dritten dazu führt, dass dem Mieter der Gebrauch ganz oder zumindest teilweise entzogen wird. Allein das Bestehen des Rechtes eines Dritten begründet noch keinen Rechtsmangel, dieser Dritte muss sein Recht auch geltend machen.

Der Erfüllungsanspruch

Im Falle der Nichterfüllung der dem Vermieter obliegenden Verpflichtungen hat der Mieter zunächst einen gerichtlich durchsetzbaren Erfüllungsanspruch. Dieser umfasst einen Anspruch auf Überlassung, Belassung und Instandhaltung. Insbesondere kann der Mieter mangels abweichender Vereinbarung die Beseitigung bereits vorhandener oder im Laufe des Mietverhältnisses entstandener Mängel verlangen.

Die Mängelrechte im Einzelnen

Ist das Mietobjekt mangelhaft, kann der Mieter neben dem vorgenannten Erfüllungsanspruch sich auf die (kraft Gesetzes eingetretene) **Minderung** der Miete berufen oder **Schadens-** bzw. **Aufwendungsersatz** verlangen.

Die Minderung

Ist das Mietobjekt mit einem Mangel behaftet, der die Tauglichkeit des Mietobjekts zum vertragsgemäßen Gebrauch mehr als nur unerheblich herabsetzt oder einschränkt, so wird die Miete **kraft Gesetzes** reduziert. Hat der Mieter die volle Miete entrichtet, obwohl diese kraft Gesetzes gemindert war, so steht ihm ein Anspruch gegen den Vermieter auf Rückzahlung zu.

Zeitpunkt

Da der Vermieter das Mietobjekt während der gesamten Mietzeit in einem dem Vertrag entsprechenden Zustand halten muss, spielt es für den Eintritt der Mietminderung keine Rolle, ob ein Mangel schon im Zeitpunkt der Überlassung des Mietobjektes vorlag oder erst später entstanden ist.

Rechtsfolgen der Minderung

In welcher **Höhe die Minderung** eintritt, ist eine Frage der Umstände des Einzelfalles und nicht einfach zu beantworten. Ausgangspunkt ist die Miete einschließlich aller Nebenkosten.

Wird die **Tauglichkeit** der Wohnung zum vertragsgemäßen Gebrauch durch den Mangel **aufgehoben**, so ist der Mieter von der Entrichtung der Miete **befreit**.

Bei einer **bloßen Minderung der Gebrauchstauglichkeit** schuldet der Mieter nur noch eine angemessen herabgesetzte Miete. In der Praxis wird die Höhe der Mietminderung von den Gerichten geschätzt.

Beispiele

- *Hauseingangstür defekt: 3 %*
- *aufgeraute Badewanne: 3 %*
- *Wohnungsklingel defekt: 3 %*
- *Isolierglasscheiben blind und feuchtigkeitsbeschlagen: 5 %*
- *Einrüstung der Fassade und dadurch bedingte Beeinträchtigung des Lichteinfalles bzw. der Belüftung: 5 %*
- *Trittschall aus der Nachbarwohnung: 5 %*
- *nächtlicher Lärm durch Garagentore: 10 %*

- *schlechter Fernsehempfang: 10%*
- *Gerüche aus der Nachbarwohnung wegen falscher Tierhaltung: 10%*
- *Entzug der Kellernutzung: 10%*
- *laute und deutliche Knackgeräusche der Heizung: 10 %*
- *Kinderlärm während der allgemeinen Ruhezeiten: 10%*
- *Lärmbeeinträchtigungen aus einem unter der Wohnung liegenden Schallplattengeschäft: 10%*
- *im und am Haus nistende Tauben: 10%*
- *Mäuse und Kakerlaken in einer Wohnung: 10%*
- *Überhöhter und gesundheitsgefährdender Nitratgehalt des Trinkwassers: 10%*
- *Dachflächenfenster lassen sich nicht öffnen: 10%*
- *Leitungswasser rostig: 10%*
- *Lärm durch Einwerfen von Glasflaschen in Container nach 22:00 Uhr bzw. an Samstagen, Sonntagen, Feiertagen: 10%*
- *Lärm durch laute Gaststätten oder Diskotheken: 10 bis 20%*
- *streuende, durch Füttern angelockte Katzen und dadurch bedingte Nichtbenutzbarkeit des Balkons: 15%*
- *Bordell im Wohnhaus: 15%*
- *Warmwasserboiler im Bad defekt: 15%*
- *Stolpergefahr durch Teppichboden und schlechter optischer Eindruck: 15%*
- *Lärm aus einer Tanzschule nach 22:00 Uhr: 20%*
- *Lärm durch Nachbarn: 20%*
- *Zugluft im Haus wegen undichter Dichtungen an Türen und Fenstern: 20%*
- *Undichtigkeit aller Fenster und Küchenwand z. T. verschimmelt: 20%*
- *Prostitution und Belästigungen hierdurch im Haus: 25%*
- *Feuchtigkeit/Schimmel in der Wohnung: je nach Intensität*
- *Baulärm: 25%*
- *Diskothekenlärm: 30%*
- *Abwasserrückstau; Austreten übel riechenden Wassers aus Toilette und Badewanne: 38%*
- *Feuchtigkeit in der Wohnung wegen undichter Fenster: 50%*

- *Asbesthaltige Nachtspeicheröfen: 50%*
- *Bauarbeiten im Haus (Dachgeschossausbau) und dadurch bedingte erhebliche Beeinträchtigungen: 80 %*
- *Nichtbenutzbarkeit der einzigen Toilette: 80%*
- *Heizungsausfall während der Wintermonate: 100 %*
- *Durchfeuchtung der Außenwände und Rattenbefall im Umfeld: 100 %*
- *Totalausfall der Elektrik wegen Kabelbrandes: 100 %*

Zu viel bezahlt?

Zahlt der Mieter (zu viel) Miete weiter, obwohl eine Minderung eingetreten ist, so kann er die überzahlte Miete zurückfordern. Hat der Mieter die Miete (wie nunmehr gesetzlich geregelt) bereits im Voraus bezahlt, darf er die Minderung natürlich bei der nachfolgenden Zahlung berücksichtigen, auch wenn zu diesem Zeitpunkt der Mangel bereits wieder abgestellt ist.

Zu wenig bezahlt?

Umgekehrt läuft der Mieter, der zu viel gemindert, d. h. erheblich zu wenig Miete bezahlt hat, Gefahr, dass der Vermieter wegen Zahlungsverzuges außerordentlich fristlos kündigt.

Der Schadensersatzanspruch

Ein Schadensersatzanspruch des Mieters besteht dann, wenn

- im Zeitpunkt des Vertragsabschlusses ein Mangel vorliegt oder eine zugesicherte Eigenschaft fehlt,
- nach Vertragsabschluss ein Mangel wegen eines Umstandes entsteht, den der Vermieter zu vertreten hat oder
- der Vermieter sich in Verzug mit seiner Mangelbeseitigungspflicht befindet: Dies ist dann der Fall, wenn der Mieter den Vermieter unter angemessener Fristsetzung eindeutig und erfolglos zur Beseitigung eines bestimmten Mangels aufgefordert hat; nicht ausreichend ist die bloße Anzeige des Mangels, welche zur

Geltendmachung einer Mietminderung erforderlich ist. Darüber hinaus setzt der Verzug des Vermieters Verschulden voraus. War der Vermieter aus einem entschuldbaren Grund nicht in der Lage, den Mangel entsprechend der Aufforderung des Mieters zu beseitigen, so haftet er nicht.

Lassen Sie als Mieter ohne das Vorliegen der vorgenannten Voraussetzungen Arbeiten zur Beseitigung des Mangels bzw. der von ihm verursachten Folgeschäden ausführen, so geht dies grundsätzlich auf Ihre eigene Rechnung, wenn nicht ausnahmsweise ein Notfall vorliegt, welcher Sie zu sofortigem Tätigwerden berechtigt.

Zeitpunkt

Für den maßgeblichen Zeitpunkt ist entscheidend, dass die Gefahrenquelle schon vorhanden ist. Nicht erforderlich ist demgegenüber, dass der Mangel bereits hervorgetreten ist oder schädigende Wirkung gezeigt hat.

Umfang

Der Schadensersatzanspruch des Mieters umfasst alle Schäden, die er auf Grund des Mangels oder der fehlenden zugesicherten Eigenschaft erlitten hat, also z. B.:

- Kosten der Mangelbeseitigung,
- Beseitigung von Schäden an Sachen des Mieters,
- an den Sachen des Mieters haften bleibende Wertminderung,
- im Falle eines Auszuges Umzugskosten, und für eine gewisse Zeit den Differenzbetrag zu einer nunmehr zu bezahlenden höheren Miete,
- Kosten für eine vorübergehende Unterbringung in einem Hotel,
- bei der Neuanmietung anfallende Maklerprovision,
- Verdienstausfall.

Der Selbstbeseitigungs- und Aufwendungsersatzanspruch
Das oben genannte Mietminderungsrecht nützt dem Mieter reichlich wenig, wenn der Vermieter eine entsprechende Mietkürzung durch den Mieter in Kauf nimmt und von der Beseitigung des Mangels absieht. Dem kann der Mieter dadurch entgegnen, dass er den Mangel **selbst beseitigt** und vom Vermieter **Ersatz der erforderlichen Aufwendungen** verlangt.

Dies setzt neben dem Vorliegen eines Mangels oder dem Fehlen einer zugesicherten Eigenschaft voraus, dass sich der Vermieter mit der Beseitigung des Mangels in Verzug befindet oder die umgehende Beseitigung des Mangels zur Erhaltung oder Wiederherstellung des Bestandes des Mietobjektes notwendig ist (z. B. Reparatur eines Rohrbruchs, austretendes Gas oder Heizöl, Heizungsausfall, Reparatur eines undichten Daches).

Das Kündigungsrecht
Wird dem Mieter der **vertragsgemäße Gebrauch vorenthalten**, ihm also das Mietobjekt nicht überlassen, wieder entzogen, der Mietgebrauch durch Sach- oder Rechtsmängel beeinträchtigt, so kann er das Recht zur außerordentlichen fristlosen Kündigung des Vertrages haben.

Dieses setzt allerdings eine **Fristsetzung** bzw. **Abmahnung** voraus und bei der Wohnraummiete eine **schriftliche** Kündigung unter **Angabe der Gründe**.

Die Fristsetzung bzw. Abmahnung ist entbehrlich, wenn

- sie offensichtlich nicht erfolgversprechend ist (der Vermieter hat z. B. die Mangelbeseitigung verweigert) oder
- die sofortige Kündigung aus besonderen Gründen unter Abwägung der beiderseitigen Interessen gerechtfertigt ist.

Ausschluss des Kündigungsrechtes
Das Kündigungsrecht kann **ausgeschlossen** sein

- bei Kenntnis des Mieters vom Mangel bei Vertragsschluss oder der Übernahme des Mietobjektes,
- im Falle einer vertraglichen Vereinbarung,
- wenn der Mieter dem Vermieter den Mangel nicht angezeigt hat, dieser deshalb Abhilfe nicht schaffen konnte und der Mieter dem Vermieter nicht eine angemessene Frist zur Abhilfe gesetzt hat.

Vermieterrechte

Das Kündigungsrecht
Unter den im Gesetz bestimmten **Voraussetzungen** kann der Vermieter den Vertrag außerordentlich fristlos kündigen, also sofern der Mieter

- für zwei aufeinander folgende Termine mit der Entrichtung der Miete oder eines nicht unerheblichen Teils der Miete (mehr als eine Monatsmiete) in Verzug ist,
- in einem Zeitraum, der sich über mehr als zwei Termine erstreckt, mit der Entrichtung der Miete in Höhe eines Betrages in Verzug ist, der die Miete für zwei Monate erreicht.

Ausschluss bzw. Unwirksamkeit der Kündigung
Die Kündigung ist allerdings in den Fällen ausgeschlossen, in denen der Vermieter vor Ausspruch der Kündigung befriedigt, d.h. die Miete gezahlt wird.

Die Kündigung wird auch unwirksam, wenn sich der Mieter von seiner Mietschuld durch Aufrechnung mit einer eigenen Forderung gegen den Vermieter befreien konnte und unverzüglich nach der Kündigung die Aufrechnung auch erklärt hat.

Für Wohnraummietverhältnisse gilt darüber hinaus die Besonderheit, dass die Kündigung auch dann unwirksam wird, wenn

- der Vermieter spätestens bis zum Ablauf von zwei Monaten nach Eintritt der Rechtshängigkeit des Räumungsanspruchs hinsichtlich der fälligen Miete befriedigt wird (z. B. durch Zahlung oder Aufrechnung) oder
- sich eine öffentliche Stelle (z. B. Sozialamt) zur Befriedigung verpflichtet. Dies gilt dann nicht, wenn der Kündigung vor nicht länger als zwei Jahren bereits eine nach dem vorgenannten Satz unwirksam gewordene Kündigung vorausgegangen ist.

Beachten Sie, dass es nicht erforderlich ist, dass der Vermieter dem Mieter erfolglos eine Abhilfefrist gesetzt oder eine Abmahnung ausgesprochen hat, wenn er die Kündigung auf Nichtzahlung des Mietzinses stützt.

Die Wirksamkeit auch dieser Kündigung hängt davon ab, dass sie einerseits **schriftlich** erfolgt, andererseits der zu Kündigung führende wichtige **Grund** in dem Kündigungsschreiben angegeben wird.

Wegen der Einzelheiten wird auf das Anfangskapitel „Beendigung des Mietverhältnisses" verwiesen.

Schadenserssatz bei Nichtdurchführung von Schönheitsreparaturen

Zunächst hat der Vermieter einen Anspruch auf Durchführung der Schönheitsreparaturen.

Kommt der Mieter seiner Verpflichtung zur Durchführung von Schönheitsreparaturen nicht nach, so hat der Vermieter einen Anspruch auf Schadensersatz.

Die Nichterfüllung von Nebenpflichten

Im Verhältnis zwischen Mieter und Vermieter gibt es neben der üblichen Vertragspflichten auch noch sogenannte Nebenpflichten

Nebenpflichten des Vermieters
Zu den im Gesetz normierten Nebenpflichten des Vermieters gehören die Pflicht,

- die **Lasten** der Mietsache zu tragen,
- dem Mieter **Aufwendungen zu ersetzen** und
- die **Wegnahme von Einrichtungen** zu dulden.

Insoweit wird auf die Erläuterungen im Abschnitt „Abwicklung" auf S. 20 Bezug genommen.

Zu den ungeschriebenen Nebenpflichten des Vermieters gehört es, **Kündigungsgründe**, insbesondere Eigenbedarf, **nicht vorzuschieben**.

Da ein Vermieter seinen Mieter grundsätzlich nur schwer loswerden kann, wenn dieser seine vertraglichen Verpflichtungen erfüllt, stellt die Vortäuschung von Eigenbedarf, um einen lästigen Mieter loszuwerden, gelegentlich einen Notnagel dar.

Die Vortäuschung von Eigenbedarf kann in strafrechtlicher Hinsicht den Tatbestand des Betruges erfüllen, abgesehen davon, dass sich der Vermieter schadensersatzpflichtig macht.

Das Vorliegen des Eigenbedarfs als Kündigungsgrund muss naturgemäß der Vermieter beweisen. Stützt demgegenüber der Mieter auf einen vorgetäuschten Eigenbedarf Schadensersatzansprüche, so muss er beweisen, dass dem so war.

Oft offenbart sich der vorgetäuschten Eigenbedarf erst dann, wenn der gekündigte Mieter in einer neuen Wohnung ist. In seiner alten wohnt nunmehr doch nicht der Sohn, für dessen angeblichen Bedarf die Kündigung erfolgt ist, sie ist anderweitig weitervermietet oder gar verkauft worden.

Dies kann für den Vermieter recht teuer werden, denn er kann bezüglich der nachfolgenden Positionen zur Kasse gebeten werden:

- Kosten der Wohnungssuche (Inserate, Telefongebühren, Fahrtkosten wegen Wohnungsbesichtigungen etc.),
- Maklergebühren,
- Umzugskosten inklusive etwaiger Kosten für Demontage bzw. Montage von Einrichtungen,
- Ummeldegebühren,
- doppelte Mietzahlungen wegen sich überschneidender Mietverhältnisse
- Ersatz der Preisdifferenz (neue Miete ist höher als die alte) für einen gewissen Zeitraum

Nebenpflichten des Mieters

Zu den gesetzlichen Nebenpflichten des Mieters gehören

- die Duldung von Erhaltungs- und Modernisierungsmaßnahmen,
- die Obhuts- und Sorgfaltspflicht,
- die Pflicht zur Einhaltung des vertragsgemäßen Gebrauchs,
- die Rückgabepflicht.

Die Obhuts- und Sorgfaltspflicht

Der Mieter ist verpflichtet, das Mietobjekt pfleglich zu behandeln und sauber zu halten. Verletzt er diese Verpflichtung schuldhaft, so macht er sich schadensersatzpflichtig.

Beispiel *Der Mieter muss für die Dauer einer etwaigen Abwesenheit dafür sorgen, dass voraussehbare Schäden in der Wohnung,* *z. B. ein Einfrieren von Wasserleitungen im Winter, verhindert werden können. Zu diesem Zweck ist er berechtigt, einem Dritten einen Wohnungsschlüssel zu übergeben, damit dieser in gewissen Zeitabständen seine Wohnung betreten und nach dem Rechten sehen kann. Zu diesem Zwecke darf er den Dritten auch vorübergehend in die Wohnung aufnehmen, ohne dass es sich hierbei um eine erlaubnispflichtige Untervermietung handeln würde.*

Oft wird übersehen, dass der Mieter auch im Falle seiner Abwesenheit dafür sorgen muss, dass seine mietvertraglichen Verpflichtungen, wie z. B. die Treppenhausreinigung, die Räum- und Streupflicht, ordnungsgemäß erledigt werden, z. B. durch Raumpfleger oder einen Hausmeisterdienst. Geschieht dies nicht, so kann der Vermieter die erforderlichen Maßnahmen auf Kosten des Mieters durchführen lassen.

Von ihm erkannte **Mängel** muss der Mieter dem Vermieter **unverzüglich anzeigen**, sonst verliert er die Möglichkeit, wegen dieses Mangels eine Mietminderung, Aufwendungsersatz- oder Schadensersatzansprüche geltend zu machen. Außerdem ist er dem Vermieter zum Ersatz des Schadens verpflichtet, den dieser durch die unterlassene Anzeige erleidet.

Die Einhaltung des vertragsgemäßen Gebrauchs

Der Mieter darf den vertragsgemäßen Gebrauch nicht überschreiten. Tut er dies dennoch, so hat der Vermieter einen Unterlassungsanspruch, das Recht zur außerordentlichen fristlosen Kündigung und gegebenenfalls auch einen Schadensersatzanspruch

Verjährung

Ansprüche des Vermieters
Ansprüche des Vermieters wegen **Veränderungen oder Verschlechterungen** der Mietsache verjähren in **sechs Monaten**. Die Frist beginnt in dem Zeitpunkt, in dem der Vermieter die Mietsache zurückerhält.

Sinn und Zweck der relativ kurzen Verjährungsfrist ist es, dass das Mietverhältnis nach der Beendigung möglichst schnell abgewickelt wird und Rechtssicherheit und Rechtsfrieden einkehrt.

Alle übrigen Ansprüche des Vermieters, z. B.

- der Erfüllungsanspruch,
- der Anspruch auf rückständige Miete,
- der Rückgabeanspruch
- Nebenkostennachforderungen

verjähren nach den allgemeinen Vorschriften, in der Regel also binnen **drei** Jahren.

Es ist zu unterscheiden zwischen der Abrechnungsfrist und der Verjährungsfrist. Die Abrechnungsfrist regelt, bis wann der Vermieter dem Mieter die Abrechnung spätestens erteilt haben muss. Die Verjährungsfrist betrifft dagegen die Frage, wie lange eine Forderung aus der Abrechnung selbst geltend gemacht werden kann. Die Abrechnungsfrist endet 12 Monaten nach Ende des Abrechnungszeitraumes. Hat der Mieter die Abrechnung fristgerecht erhalten, verjähren etwaige Nachzahlungsansprüche des Vermieters oder etwaige Rückzahlungsansprüche des Mieters nach drei Jahren. Diese Frist beginnt jedoch erst mit dem Ende desjenigen Jahres, in dem die Abrechnung vorgelegt wird, und zwar auch dann, wenn sie noch kleinere Fehler enthält.

Ansprüche des Mieters
In **sechs Monaten** nach der Beendigung des Mietverhältnisses verjähren die Ansprüche des Mieters auf Ersatz von Aufwendungen oder Gestattung der Wegnahme einer Einrichtung.

Für **alle anderen Ansprüche** (z. B. hinsichtlich der Mängelrechte) gelten auch hier die allgemeinen Vorschriften.

Die Veräußerung des Mietobjektes

Wird vermieteter Wohnraum veräußert, so findet kraft gesetzlicher Regelung gewissermaßen eine **Vertragsübernahme** statt. Es gilt der Grundsatz **Kauf bricht nicht Miete**.

Erst **ab dem Grundbucheintrag** darf der Käufer des Mietobjektes in vollem Umfang als Vermieter auftreten, z. B. Kündigungen aussprechen, Mieterhöhungen verlangen oder Modernisierungen ankündigen und vor allem die Miete kassieren!

In der Praxis kommt es häufig vor, dass **die neuen Eigentümer Eigenbedarfskündigungen** aussprechen, sobald sie den notariellen Kaufvertrag mit dem Veräußerer abgeschlossen haben. Ist der neue Eigentümer zum Zeitpunkt des Ausspruchs der Kündigung nicht im Grundbuch als Eigentümer eingetragen, ist die Kündigung schon aus diesem Grunde unwirksam.

Alle **vor dem Eigentumswechsel entstandenen Ansprüche** bleiben beim alten Eigentümer/Vermieter, sodass der Mieter die zu diesem Zeitpunkt noch rückständigen Mieten nicht an den neuen Eigentümer, sondern an den alter Vermieter zu leisten hat.

Auch für die Rechte des Mieters gilt, dass für deren Erfüllung, soweit sie vor der Eintragung ins Grundbuch entstanden sind, allein der alte Vermieter haftet. Für alle nach dem Eigentumswechsel entstandenen Ansprüchen haftet der neue Eigentümer.

Nebenkostenabrechnung
Nach einem Eigentumswechsel ist nicht der neue Eigentümer, sondern der **Verkäufer** bzw. **alte Vermieter**

- zur Abrechnung der Nebenkosten verpflichtet,
- zur Erhebung etwaiger Nachzahlungen berechtigt oder
- zur Rückerstattung einer Überzahlung verpflichtet,

sofern die **Abrechnungsperiode zum Zeitpunkt des Eigentumswechsels bereits abgelaufen** war. Nicht entscheidend ist, wann der alte Vermieter tatsächlich abgerechnet hat und der entsprechende Nachzahlungsanspruch fällig geworden ist.

Der neue Vermieter muss über die gesamte **laufende Abrechnungsperiode** abrechnen, also über alle während dieser Zeit geleisteten Beträge.

Die Untervermietung

Als Untermiete wird das Vertragsverhältnis zwischen dem Mieter (sogenannter Hauptmieter) und dem Untermieter bezeichnet. Der Untermietvertrag zwischen Mieter und Untermieter ist ein echter Mietvertrag und unterscheidet sich hinsichtlich der Rechte und Pflichten der Parteien nicht von einem Mietvertrag zwischen Vermieter und Mieter (Hauptmieter).

Echte und unechte Untervermietung
Zu unterscheiden ist zwischen der Überlassung des Mietobjektes zum Alleingebrauch an den Untermieter (**Weitervermietung**) und die Gestattung der Mitbenutzung einer Teils der Wohnung (**echte Untervermietung**; einem Studenten wird z. B. ein einzelnes Zimmer vermietet und die Mitbenutzungsmöglichkeit der Sanitäreinrichtungen erlaubt).

Berechtigung zur Untervermietung?
Zu einer Weitervermietung an einen Dritten ist der Mieter ohne die Erlaubnis des Vermieters **nicht** berechtigt. Verweigert der Vermieter die Erlaubnis, so kann der Mieter das Mietverhältnis außerordentlich mit der gesetzlichen Frist kündigen. Dieses Kündigungsrecht steht dem Mieter dann nicht zu, wenn in der Person des Dritten ein wichtiger Grund vorliegt.

Auch die Gebrauchsüberlassung eines Teiles des Wohnraums (echte Untervermietung) an einen Dritten ist von der Erlaubnis des Vermieters abhängig. In diesem Fall kann allerdings der Mieter vom Vermieter die Erteilung der Erlaubnis verlangen, wenn nach Abschluss des Mietvertrages ein berechtigtes Interesse für die teilweise Gestattung der Gebrauchsüberlassung an den Dritten entstanden ist. Dies gilt dann nicht,

- wenn in der Person des Dritten ein wichtiger Grund vorliegt,
- der Wohnraum übermäßig belegt würde oder
- dem Vermieter die Überlassung aus sonstigen Gründen nicht zugemutet werden kann.

Ist dem Vermieter in diesem Fall die Überlassung nur bei einer angemessenen Erhöhung der Miete zuzumuten, so kann er die Erlaubnis davon abhängig machen, dass der Mieter sich mit einer solchen Erhöhung einverstanden erklärt.

In keinem Fall entstehen zwischen dem Vermieter und dem Untermieter vertragliche Beziehungen. Demgemäß kann der Untermieter dem Vermieter gegenüber keine Rechte geltend machen.

Haftung des Mieters
Für die **Haftung des Mieters** gegenüber dem Vermieter für vom Untermieter verursachte Schäden ist von Relevanz, ob der Vermieter die Untervermietung genehmigt hat oder nicht.

Bei vom Vermieter genehmigter Untermiete haftet der Mieter grundsätzlich nur für schuldhaftes Verhalten des Untermieters.

Die nicht genehmigte Untervermietung stellt von vornherein eine schuldhafte Vertragspflichtverletzung durch den Mieter dar; sie macht den Mieter schadensersatzpflichtig unabhängig davon, ob der Untermieter den Schaden zu vertreten hat oder nicht.

Vermietet der Mieter unberechtigt einen Teil der gemieteten Wohnung an einen Dritten, so kann der Vermieter vom Mieter die vom Dritten bezahlte Untermiete nicht herausverlangen.

Wer ist Untermieter?
Das Gesetz spricht von „Dritten". **Nicht Untermieter**, da nicht „Dritte", sind **Familienangehörige** des Mieters, sodass die Aufnahme der Familie in die Wohnung ohne Zustimmung des Vermieters erfolgen kann.

Dritter ist jedoch der **Lebensgefährte** des Mieters. Das hat zur Folge, dass der Mieter für die Aufnahme seines Lebensgefährten oder seiner Lebensgefährtin der Erlaubnis des Vermieters bedarf. Auf die Erteilung dieser Erlaubnis hat der Mieter einen Anspruch, sofern er ein berechtigtes Interesse an der Aufnahme des Dritten in seine Wohnung hat. Dafür reicht in der Regel der auf höchstpersönlichen Motiven beruhende Wunsch des Mieters aus, eine Wohngemeinschaft zu bilden oder fortzusetzen.

Die Schutzwirkung des Mietvertrages

Grundsätzlich entstehen vertragliche Rechte und Pflichten nur zwischen den jeweiligen Vertragsparteien. Gerade bei Wohnraummietverträgen kommt es jedoch häufig vor, dass den Vertrag auf Mieterseite nur eine Person abschließt, obwohl mehrere Personen in die Wohnung oder das Haus einziehen (z. B. bei Familien). Dies bedeutet jedoch nicht, dass die an dem Vertragsverhältnis nicht Beteiligten rechtlos wären.

Man spricht davon, dass diese Dritten unter bestimmten Voraussetzungen in die Schutzwirkung des Mietvertrages einbezogen sind. Dies deshalb, weil

- dieser Personenkreis in gleicher Weise den Gefahren von Schutzpflichtverletzungen (des Vermieters) ausgesetzt ist wie der Vertragspartner (Mieter),
- der eigentliche Vertragspartner (Mieter) für das Wohl und Wehe seiner Angehörigen mitverantwortlich ist und sein will bzw. die Leistung des Vermieters bestimmungsgemäß auch dem Dritten zugute kommen bzw. auch seinem Schutz dienen soll,
- dem Vermieter erkennbar ist, dass diese Personen in das Mietobjekt mit einziehen,
- die Schutzbedürftigkeit mangels eigener vertraglicher Ansprüche der Angehörigen gegeben ist.

Der Tod des Mieters

Während grundsätzlich Mietverhältnisse **nicht** mit dem Tod des Mieters enden, sondern im Wege der sogenannten Gesamtrechtsnachfolge auf den/die Erben übergehen, enthält das Gesetz **Sondervorschriften** für Wohnraummietverhältnisse.

Wer tritt in das Mietverhältnis ein?

Als solchermaßen Begünstigter ist laut Gesetz zunächst der Ehegatte bzw. der gleichgeschlechtliche Lebenspartner genannt, des Weiteren kommen als „Eintretende" auch die in dem gemeinsamen Haushalt lebenden Kinder und andere Familienangehörige, unter gewissen Voraussetzungen (auf Dauer angelegter gemeinsamer Haushalt) **auch nicht eheliche Lebensgefährten** in Betracht (reine Wohn- und Wirtschaftsgemeinschaften reichen nicht aus).

Allen gemeinsam ist, dass der Eintritt als nicht erfolgt gilt, wenn die eingetretene Person innerhalb eines Monats ab Kenntnis vom Tod des Mieters dem Vermieter erklärt, dass sie das Mietverhältnis nicht fortsetzen will.

Umgekehrt kann der Vermieter innerhalb eines Monates, nachdem er von dem endgültigen Eintritt in das Mietverhältnis Kenntnis erlangt hat, außerordentlich mit der gesetzlichen Frist kündigen, wenn in der Person des Eingetretenen ein wichtiger Grund vorliegt.

Fortsetzung mit überlebenden Mietern
Sind von vornherein mehrere Personen Mieter, die, wären sie es nicht, automatisch in das Mietverhältnis eintreten würden, so wird das Mietverhältnis beim Tode eines von ihnen mit dem Überlebenden fortgesetzt.

Die überlebenden Mieter können das Mietverhältnis innerhalb eines Monats, nachdem sie vom Tod des Mieters Kenntnis erlangt haben, außerordentlich mit der gesetzlichen Frist kündigen.

Das Vermieterpfandrecht

Das Vermieterpfandrecht an Sachen des Mieters gibt dem Vermieter eine Sicherheit für seine noch offenen Forderungen aus dem Mietverhältnis. Dies gleicht den Nachteil aus, den der Vermieter dadurch hat, dass er einerseits das Mietobjekt dem Mieter überlassen, andererseits dadurch keine Möglichkeit hat, seine Leistung zurückzuhalten, wenn der Mieter die ihm obliegenden Verpflichtungen nicht erfüllt.

Beispiel *Der klassische Fall: Mieter zahlt keine Miete, nutzt aber dennoch die Wohnung!*

Das Vermieterpfandrecht setzt neben dem Bestehen eines Mietvertrages voraus, dass

- der Vermieter eine **Forderung aus dem Mietverhältnis** (z. B. Miete, Schadensersatzforderungen wegen der Beschädigung oder Zerstörung des Mietobjektes; Schadensersatzansprüche wegen der Verletzung sonstiger Pflichten, Verletzung der Rückgabepflicht, Verletzung der Verpflichtung zur Anzeige von Mängeln und Schäden) und
- der Mieter ihm gehörende, pfändbare Sachen in das Mietobjekt eingebracht hat.

Eingebracht ist eine Sache, wenn sie mit dem Willen des Mieters in die Wohnung eingebracht wird und dort nicht nur einem vorübergehenden Zweck dienen soll.

Lediglich vorübergehend eingebracht (und daher nicht dem Vermieterpfandrecht unterliegend) sind Sachen, wenn sie zum Beispiel nur ein- oder untergestellt werden,

Demgegenüber kann ein Pfandrecht dann entstehen, wenn Sachen bestimmungsgemäß immer nur vorübergehend in den Räumen verbleiben, z. B. bei Sachen in einem Warenlager.

Unpfändbare Sachen (z. B. Radio, Kühlschrank, Backofen, Waschmaschine, Haustiere) unterliegen nicht dem Vermieterpfandrecht.

Erlöschen

Das Vermieterpfandrecht kann aus verschiedenen Gründen wieder erlöschen.

Das Vermieterpfandrecht erlischt etwa, wenn die Sache des Mieters vom vermieteten Grundstück entfernt wird. Wird die Sache jedoch wieder zurückgebracht, lebt das Pfandrecht wieder auf!

Das Vermieterpfandrecht erlischt dann nicht durch Entfernung der Sache, wenn der Vermieter von der Entfernung nichts weiß oder der Entfernung widerspricht. Etwas anderes gilt dann, wenn der Vermieter die Entfernung **dulden** muss. Dies kann dann in Betracht kommen, wenn

- die Entfernung den gewöhnlichen Lebensverhältnissen entspricht,
- wenn die zurückbleibenden Sachen zur Sicherung des Vermieters offensichtlich ausreichen oder
- wenn die Entfernung im Rahmen des regelmäßigen Geschäftsverkehrs erfolgt.

Des Weiteren kommt das Vermieterpfandrecht zum Erlöschen, wenn

- die Forderung des Vermieters aus dem Mietverhältnis erlischt,
- das Pfandrecht aufgehoben wird,
- der Vermieter Eigentümer der Sache wird,
- ein Dritter das Eigentum an der Sache erwirbt und dabei gutgläubig hinsichtlich des Nichtbestehens eines Pfandrechtes ist (d. h. berechtigt daran glaubt, dass der Gegenstand nicht belastet ist).

Die Vermieterrechte

Ist ein Vermieterpfandrecht entstanden und nicht wieder erloschen, so stehen dem Vermieter verschiedene Rechte zu.

Selbsthilferecht und Recht auf Rückverschaffung

Ist ein Vermieterpfandrecht zur Entstehung gelangt und nicht erloschen, so kann der Vermieter die **Entfernung der Pfandsache verhindern** und die Sache **in Besitz nehmen**, wenn der Mieter auszieht.

Will der Mieter die unter das Vermieterpfandrecht fallenden Gegenstände gegen den Willen des Vermieters entfernen, so darf der Vermieter sich in den Weg stellen und das Entfernen verhindern.

Wird die Sache bei bestehen bleibendem Vermieterpfandrecht entfernt, hat der Vermieter einen Anspruch gegen den Mieter und gegen den sonstigen Besitzer auf **Rückverschaffung** der Sache in das Mietobjekt.

Verwertungsrecht
Der Vermieter darf die Sache verwerten. Das bedeutet nicht, dass der Vermieter das Pfandobjekt einfach veräußern und den erzielten Erlös mit seinen Forderungen verrechnen darf. Es bedeutet vielmehr, dass der Verkauf entweder mittels öffentlicher Versteigerung oder durch freihändigen Verkauf zu geschehen hat.

„Freihändiger Verkauf" ist missverständlich. Tatsächlich erfolgt der Verkauf durch einen zu solchen Verkäufen öffentlich ermächtigten Handelsmäkler oder durch eine zur öffentlichen Versteigerung befugte Person (Gerichtsvollzieher, öffentlicher Versteigerer, Notar).

Die Nebenkosten

Nach wie vor gilt: Nebenkosten sind vom Mieter überhaupt nur dann zu zahlen, wenn dies zwischen den Mietvertragsparteien vereinbart worden ist. Andernfalls sind die Nebenkosten mit der Miete (sogenannte Bruttomiete) abgegolten.

Letzteres ist heute jedoch der Ausnahmefall. Es hat sich eingebürgert, dass der Mieter eine **Kaltmiete** bezahlt und für die anfallenden Nebenkosten **Vorauszahlungen** entrichtet, über die dann jährlich abgerechnet werden muss (hierzu später). Letzteres ist **bezüglich der Heiz- und Warmwasserkosten gesetzlich vorgeschrieben**.

Grundsätzlich können **drei Arten von Mieten** unterschieden werden.

Bei der **Bruttokaltmiete** sind die Betriebskosten mit Ausnahme der Heiz- und Warmwasserkosten, in der Miete enthalten.

Bei der **Teilinklusivmiete** sind die Betriebskosten zum Teil in der Miete enthalten, während andere direkt vom Mieter an den entsprechenden Versorgungsträger bezahlt werden (z.B. Müllgebühren, Strom und dergleichen),

Bei der Netto(kalt)miete sind keinerlei Nebenkosten in der Miete enthalten; andererseits sind vom Mieter nur die ausdrücklich umgelegten Nebenkosten zu begleichen; fehlt es hieran bezüglich einzelner Positionen, geht dies zu Lasten des Vermieters, d.h. dass diese Positionen mit der Kaltmiete abgegolten sind.

Haben die Parteien, wie in der Praxis üblich, eine Nettokaltmiete vereinbart, so ist die Erhebung von Vorauszahlungen auf die Nebenkosten nicht zwingend. Vielmehr ist es dem Vermieter freigestellt, keine Vorauszahlungen zu erheben, die Nebenkosten dann nach Ablauf der Abrechnungsperiode abzurechnen und vom Mieter den geschuldeten Betrag zu fordern. Dies führt jedoch zu erheblichen kurzfristigen finanziellen Belastungen des Mieters, sodass die Erhebung von Nebenkostenvorauszahlungen zu bevorzugen und deshalb auch Praxis ist.

Höhe der Nebenkostenvorauszahlungen

Die Bestimmung der **Höhe der Nebenkostenvorauszahlungen** ist grundsätzlich dem Vermieter überlassen. Das Gesetz untersagt es lediglich, Vorauszahlungen in unangemessener Höhe, nämlich unangemessen überhöht, zu fordern.

Umgekehrt stellt es **grundsätzlich keine Pflichtverletzung** des Vermieters dar, wenn er **zu niedrige** Vorauszahlungen ansetzt.

Etwas anderes kann dann gelten, wenn der Vermieter

- dem Mieter bei Vertragsabschluss die Angemessenheit der Nebenkosten ausdrücklich zugesichert oder
- diese bewusst zu niedrig bemessen hat, um den Mieter über den Umfang der tatsächlichen Mietbelastung zu täuschen und ihn auf diese Weise zur Begründung eines Mietverhältnisses zu veranlassen. Der Mieter kann dann fristlos kündigen.

Dem Mieter kann in einem solchen Fall u. U. auch ein Schadensersatzanspruch in Höhe der nunmehr vom Vermieter begehrten Nachzahlung auf die Betriebskosten zustehen. Ein derartiger Schadensersatzanspruch scheitert jedoch oft an der mangelnden Beweisbarkeit eines dem Mieter entstandenen finanziellen Schadens. Der Mieter muss nämlich nachweisen, dass er eine vergleichbare Wohnung erheblich günstiger hätte anmieten können oder aber, dass er sich die Wohnung wegen der hohen Betriebskosten nicht leisten kann und ihm zu wenig Geld zur Lebensführung übrig bleibt.

Anpassung der Nebenkostenvorauszahlung

Erweisen sich die vom Mieter bezahlten Nebenkostenvorauszahlungen nach einer Abrechnung als deutlich zu hoch oder zu niedrig, so kann jede Mietvertragspartei durch Erklärung in **Textform** eine Anpassung auf eine angemessene Höhe vornehmen.

Was sind überhaupt Nebenkosten?

Haben die Parteien Nebenkostenzahlungen (als Pauschale oder als Vorauszahlung) vereinbart, so stellt sich häufig die Frage, welche Positionen überhaupt hierunter fallen. Regelmäßig wird in Mustermietverträgen insoweit pauschal auf die Verordnung über die Aufstellung von Betriebskosten (Betriebskostenverordnung – BetrKV) vom 25. 11. 2003 (in älteren Mietverträgen auf Anlage 3 zu § 27 der Zweiten Berechnungsverordnung) Bezug genommen.

Werden Betriebskosten im Mietvertrag selbst ausdrücklich aufgeführt, ist Vorsicht geboten. Denn eine spätere Änderung dieser Liste ist nur einvernehmlich möglich.

Keine solche nur einvernehmlich zulässige Änderung stellt es dar, wenn z. B. nach der mietvertraglichen Vereinbarung die Kosten einer Sach- und Haftpflichtversicherung umgelegt werden dürfen und eine solche im Zeitpunkt des Vertragsabschlusses gar nicht besteht.

Schließt der Vermieter später eine dementsprechende Versicherung ab, so darf er die hierdurch neu entstehenden Kosten umlegen.

Dies gilt entsprechend, wenn nach der Umlagevereinbarung die Kosten eines Hausmeisters umgelegt worden sind, ein solcher zum Zeitpunkt des Vertragsabschlusses jedoch gar nicht engagiert worden ist. Wird dann später ein Hausmeister eingestellt, so können die Kosten auf die Mieter umgelegt werden.

Stillschweigende Vereinbarung zusätzlicher Nebenkosten

Zahlt der Mieter über längere Zeiträume hinweg Betriebskosten, deren Umlage mietvertraglich nicht vereinbart worden ist, so könnte darin ein stillschweigendes Einverständnis zur Übernahme auch dieser Betriebskosten gesehen werden. Dieses Einverständnis würde dann auch für die Zukunft wirken und den Mieter verpflichten, diese Kosten weiterhin zu tragen.

Einer ausufernden Bejahung stillschweigender Vertragsänderungen hat die Rechtsprechung zu Recht einen Riegel vorgeschoben.

Zahlt der Mieter Nebenkosten, die vertraglich nicht vereinbart waren und ist er sich dessen nicht bewusst, kann er diese Beträge zurückverlangen bzw. mit Mietansprüchen des Vermieters verrechnen.

Die **Betriebskostenverordnung** enthält eine detaillierte Aufstellung derjenigen Kosten, die zu den Betriebskosten gehören. Eine Vereinbarung, nach der weitere, in der Betriebskostenverordnung nicht genannte Kosten umgelegt werden, ist unwirksam.

Die jeweils aktuelle Betriebskostenverordnung (BetrKV) erhalten Sie bei jedem Mieter- oder Vermieterverein.

Die in der Betriebskostenverordnung aufgeführten Kostenpositionen sind zwar sehr umfangreich. Allerdings sei dem sich über ständig steigende Nebenkosten ärgernden Mieter gesagt: Einerseits dürfen nur die gesetzlich erlaubten Betriebskosten umgelegt und abgerechnet werden, andererseits dienen die Nebenkostenzahlungen nicht der Bereicherung des Vermieters, sondern sind für diesen **Durchlaufposten**, da er ja die entsprechenden Kosten bereits verauslagt hat.

Die **häufigsten Streitpunkte** sind in den nachfolgenden Betriebskosten verborgen:

Zum einen sind **Verwaltungskosten** grundsätzlich nicht als Nebenkosten umlegbar, während die Kosten für einen **Hausmeister** zulässigerweise auf den Mieter abgewälzt werden können. Der Unterschied zwischen beiden Tätigkeiten liegt darin, dass der Verwalter nur rein verwaltungstechnische Aufgaben ausführt, während der Hausmeister die tatsächliche Pflege des Anwesens übernimmt (Treppenhausreinigung, Gartenpflege, Schneeräumen).

Dabei ist allerdings wieder zu berücksichtigen, dass **Reparaturkosten** hinsichtlich des Anwesens nicht auf Mieter umgelegt werden können; die Betriebskostenverordnung nennt dies die Kosten, die während der Nutzungsdauer zur Erhaltung des bestimmungsmäßigen Gebrauchs aufgewendet werden müssen, um die durch Abnutzung, Alterung und Witterungseinwirkung entstehenden baulichen oder sonstigen Mängel ordnungsgemäß zu beseitigen (Instandhaltungs- und Instandsetzungskosten).

Dementsprechend sind auch die Kosten des Hausmeisters nicht auf die Mieter abwälzbar, soweit diese Kosten im Rahmen der Instandhaltung, Instandsetzung, Erneuerung, Schönheitsreparaturen und Hausverwaltung anfallen. Neben der oft schwierigen Abgrenzung zwischen Verwaltungs- und Hausmeistertätigkeit führt daher oft auch die Frage zum Streit, ob und inwieweit in der Hausmeistervergütung Tätigkeiten enthalten sind für derartige, vom Vermieter zu tragende Maßnahmen.

Erbringt der Vermieter bestimmte Arbeiten in **Eigenleistung**, zum Beispiel die Gartenpflege, Reinigungsarbeiten oder Hausmeistertätigkeiten, kann er dafür in der Abrechnung einen Betrag in Höhe des tatsächlichen Aufwandes ansetzen. Dies führt oft zu Streit zwischen den Mietvertragsparteien, weil viele Mieter das Gefühl nicht loswerden, dass der Vermieter hier einen ungerechtfertigten Hinzuverdienst erwirtschaftet.

Die berühmt-berüchtigten „sonstigen Betriebskosten" führen oft zu Streitigkeiten; nach überwiegender Auffassung muss im Mietvertrag stehen, um welche konkreten Kosten es sich dabei handeln soll.

Beispiele *Kosten für ein Schwimmbad, eine Sauna oder andere Gemeinschaftseinrichtungen, für die Wartung eines Feuerlöschers, für die Reinigung der Dachrinnen.*

Was sind überhaupt Kosten? Nach zwischenzeitlich wohl überwiegender Ansicht ist nicht entscheidend, wann eine Rechnung erteilt oder gar bezahlt worden ist, sondern darauf, wann der **Verbrauch** erfolgt ist.

Bei der Vermietung von Eigentumswohnungen wird allerdings für zulässig erachtet, in einer hinreichend deutlichen Vereinbarung die Abrechnung nach dem sogenannten **Abflussprinzip** zu bestimmen. Entscheidend ist dann das Datum des jeweiligen Rechnungsausgleichs.

Der Grundsatz der Wirtschaftlichkeit

Der Grundsatz Wirtschaftlichkeit ist gesetzlich ausdrücklich festgeschrieben. Er hat u. a. zur Folge, dass

- Betriebskosten, die ihrer Art nach nicht gerechtfertigt sind, nicht umgelegt werden dürfen,
- der Umfang der Betriebskosten nicht grenzenlos ist (keine aufwändige Beleuchtungsanlage, mehrmalige wöchentliche Treppenhausreinigung, erheblich zu viele Müllbehälter, volle Hausmeisterstelle für eine kleine Wohneinheit),
- der Vermieter insbesondere Heizöl und Gas preisgünstig einkaufen muss; dabei muss er allerdings nicht unbedingt den Anbieter mit dem günstigsten Preis wählen, da der Preis nur eines von mehreren Kriterien ist. Der Vermieter darf auch Kriterien wie Zu-

verlässigkeit, Qualität der Arbeit, Schnelligkeit und dergleichen berücksichtigen.

Übermäßige Kosten hat der Vermieter grundsätzlich selbst zu tragen! Eine Verletzung des Wirtschaftlichkeitsgrundsatzes liegt vor, wenn eine vom Vermieter geltend gemachte Kostenposition mehr als 20 % höher liegt als die üblichen Kosten, oder, wenn, z. B. wegen einer unterlassenen Wartung oder Instandsetzung der Heizungsanlage, ein unnötig hoher Verbrauch an Heizöl entstanden ist. Die Betriebskostenabrechnung muss von ihm dann um die entsprechenden Beträge gekürzt werden.

Ein Verstoß gegen den Wirtschaftlichkeitsgrundsatz ist im Einzelfall für den Mieter jedoch nur schwer festzustellen. Eine Übersicht über die Durchschnittswerte der Betriebskosten enthält der **Betriebskostenspiegel**. In ihm sind für 16 verschiedene Betriebskostenarten Durchschnittswerte sowie obere und untere Grenzwerte ausgewiesen. Er wird jährlich neu erstellt und bietet den Mietvertragsparteien, ähnlich wie ein Mietspiegel im Zusammenhang mit Mieterhöhungen, eine gute Orientierungshilfe.

Durchschnittlich zahlen die Mieter in Deutschland rund 2,44 Euro pro Quadratmeter und Monat an Betriebskosten!

Die Abrechnung

Über Vorauszahlungen für Betriebskosten ist nach dem Gesetz **jährlich** abzurechnen, wobei der Grundsatz der Wirtschaftlichkeit zu beachten ist. Mit „jährlich" ist nicht notwendigerweise das Kalenderjahr gemeint, sondern auch die etwa davon abweichende Abrechnungsperiode.

Problemfall: Verteilerschlüssel

Im Rahmen der Abrechnung ist zunächst bedeutsam, welcher Verteilerschlüssel der Abrechnung zugrunde zu legen ist. Haben die Parteien **nichts anderes vereinbart**, so sind

- die Betriebskosten vorbehaltlich anderweitiger Vorschriften (z. B. für die Heizkosten) nach dem Anteil der **Wohnfläche** umzulegen;
- die Betriebskosten, die von einem erfassten Verbrauch oder einer erfassten Verursachung durch den Mieter abhängen (z. B. für abgelesene Strom- und Wasserverbräuche etc.), nach einem Maßstab umzulegen, der dem unterschiedlichen Verbrauch oder der unterschiedlichen Verursachung Rechnung trägt.

Rechnung tragen im vorgenannten Sinne heißt nicht, dass ein abgelesener Verbrauch der Abrechnung auch tatsächlich in dieser abgelesenen Höhe zugrunde zu legen ist. Selten stimmt der am Hauptwasserzähler abgelesene Verbrauch mit der Summe aller Wohnungswasserzähler überein. Davon abgesehen, dass der Hauptwasserzähler in der Regel exakter arbeitet als die einzelnen Wohnungswasserzähler, gelten auch für eichpflichtige Wasserzähler gewisse Toleranzgrenzen. Kommt es also, wie so oft, zu Abweichungen, so kann der Vermieter die durch den Hauptwasserzähler gemessene Wassermenge abrechnen und die einzelnen Wohnungswasserzähler lediglich als Grundlage für die Verteilung, also für die Quote, heranziehen.

Dies ist nur zulässig bei Mengendifferenzen bis zu 20 %. Bei größeren Abweichungen spricht alles für sogenannte ungeklärte Wasserverluste oder -entnahmen, die der Vermieter selbst tragen muss. Der Vermieter ist in einem solchen Fall dann doch verpflichtet, nach den Wohnungszählern abzurechnen.

Die auf leer stehende Wohnungen entfallenden Kosten muss der Vermieter grundsätzlich selbst tragen. Der Vermieter kann von dem/den Mietern nicht verlangen, dass die Mieter einer Änderung zustimmen und nur nach vermieteter Fläche abzurechnen ist. Eine dementsprechende Klausel im Mietvertrag, wonach die Betriebskosten nur nach dem Verhältnis der vermieteten oder bewohnten Flächen verteilt werden, ist unwirksam.

In der Praxis orientieren sich die Verteilerschlüssel in den meisten Fällen an der Wohnungsgröße, der Personenzahl oder der Anzahl der Wohneinheiten. Üblicherweise werden verschiedene Verteilerschlüssel **kombiniert:** Die verbrauchsabhängigen Betriebskosten, wie z. B. Wasser, Abwasser, Strom etc. werden nach der Personenzahl abgerechnet; andere Betriebskostenarten werden nach der Wohnfläche abgerechnet.

Gerade bei verbrauchsabhängigen Betriebskosten ist oft Ärger vorprogrammiert! Werden nämlich die verbrauchsabhängigen Kosten nach der Personenzahl verteilt, kann es Streit darüber geben, ob jemand als Hausbewohner oder nur als Besucher behandelt wird. Nimmt letzterer z. B. jeden Tag ein Bad, werden die dadurch anfallenden verbrauchsabhängigen Kosten ungerechtfertigter Weise automatisch auf alle Mieter verteilt. Eine solche dritte Person kann in der Abrechnung vom Vermieter berücksichtigt werden, wenn durch die Häufigkeit und Dauer der Besucher nach außen der Eindruck entsteht, dass eine weitere Person in der Wohnung lebt, unabhängig davon, ob wirklich ein dauerndes Wohnen vorliegt. Eine nur kurzzeitige Ab- bzw. Anwesenheit bleibt allerdings – selbstverständlich – unberührt.

Problemfall: Formelle Ordnungsmäßigkeit der Abrechnung
Neben den Fragen, welche Nebenkosten überhaupt umgelegt werden dürfen, im konkreten Fall wirksam umgelegt worden sind und welcher Verteilerschlüssel der Abrechnung zugrunde zu legen ist, stellt eine weitere Fußangel die formelle Ordnungsmäßigkeit der Nebenkostenabrechnung dar. Fehlt es hieran, ist die geforderte Nachzahlung **nicht fällig** und zudem ist auch die im Gesetz bestimmte **Abrechnungsfrist** (hierzu später) von 12 Monaten nach Ende des Abrechnungszeitraumes nicht gewahrt, da zur Fristeinhaltung eine **formell ordnungsgemäße** Abrechnung erforderlich ist; lediglich inhaltliche Fehler können auch nach Fristablauf korrigiert werden. Allerdings führen nur schwerwiegende Fehler dazu, dass die Abrechnung nicht in diesem Sinn wirksam ist.

Beispiel *Es wird **überhaupt nicht** angegeben, wie sich die Kosten auf den Mieter verteilen. Allerdings dürfen keine allzu strengen Maßstäbe angelegt werden. Die Abrechnung mit einem **falschen** Verteilerschlüssel wird nicht als schwerwiegend angesehen, da die Abrechnung nicht zur Wahrung der Abrechnungsfrist geeignet ist. Letzteres gilt auch für eine Abrechnung mit nicht umlagefähigen Positionen, Zahlendrehern und Rechenfehlern.*

Derartige Missstände kann der Vermieter auch nach Ablauf der Jahresfrist noch berichtigen. Allerdings darf der Mieter nicht benachteiligt werden. Dies bedeutet, dass der Vermieter zwar den ursprünglich ausgewiesenen Nachzahlungsbetrag fordern kann, nicht jedoch einen sich aus der Korrektur ergebenden Mehrbetrag.

Formell ordnungsgemäß ist eine Betriebskostenabrechnung, wenn sie eine **geordnete Zusammenstellung der Einnahmen und Ausgaben** enthält. Soweit keine besonderen Abreden getroffen sind, sind in die Abrechnung bei Gebäuden mit mehreren Wohneinheiten regelmäßig folgende Mindestangaben aufzunehmen:

- Angabe von Anfangs- und Endzählerständen (Ölvorräten),
- Angabe und Erläuterung der zugrunde gelegten Verteilerschlüssel,
- Berechnung des Anteils des Mieters und
- Abzug seiner Vorauszahlungen.

Außerdem muss die Abrechnung klar gegliedert und auch für einen Mieter, der nicht jeden Tag mit derartigen Dingen zu tun hat, aus sich heraus gedanklich verständlich und nachvollziehbar sein.

Prüfungsrecht des Mieters

Der Mieter hat das Recht, die vom Vermieter in die Nebenkostenabrechnung eingestellten Rechnungen zu kontrollieren. Verweigert der Vermieter die Einsicht in die Originalbelege, braucht der Mieter eine geforderte Nachzahlung nicht zu leisten.

Jedoch hat der Mieter keinen Anspruch gegen den Vermieter auf Übersendung von Fotokopien, auch nicht gegen Übernahme der Kosten. Nach Ansicht mancher Gerichte kann der Mieter jedoch die Zusendung von Kopien gegen Kostenerstattung ausnahmsweise dann verlangen, wenn ihm die Einsichtnahme in den Räumen des Vermieters nicht zuzumuten ist.

Beispiel *Die Mietwohnung ist vom Sitz des Vermieters bzw. seiner Verwaltung zu weit entfernt oder der Mieter leidet an einer schweren Erkrankung oder einer Gehbehinderung.*

Zudem ist es dem Mieter erlaubt, im Rahmen der Einsichtnahme von Unterlagen Kopien zu fertigen.

Das pauschale Bestreiten der Nebenkostenabrechnung durch den Mieter ist unerheblich. Wer also etwas an der Nebenkostenabrechnung auszusetzen hat, muss sich schon die Mühe machen, gegebenenfalls Belege einzusehen und dann konkret darzulegen, was ihm nicht passt.

Abrechnungsfrist

Betriebskostenabrechnungen müssen spätestens 12 Monate nach dem Ende des Abrechnungszeitraums dem Mieter zugegangen sein. Wie bereits ausgeführt, kann Abrechnungszeitraum das Kalenderjahr sein, jedoch auch das davon abweichende, sogenannte Wirtschaftsjahr.

Fehlt eine ausdrückliche Vereinbarung, so kann der Vermieter den Abrechnungszeitraum (von … bis …) bestimmen. Jedoch darf dieser grundsätzlich nicht mehr als 12 Monate umfassen.

Endet der Abrechnungszeitraum nicht an einem Monatsende, sondern beispielsweise in der Mitte eines Monates, so endet die Abrechnungsfrist mit dem letzten Tag des entsprechenden Monates des Folgejahres. Die Abrechnungsfrist kann also länger als ein Jahr sein!

Die Abrechnungsfrist ist eine **Ausschlussfrist** zu Lasten des Vermieters. Verspätete Nachzahlungswünsche des Vermieters sind nach Fristablauf nicht mehr durchsetzbar, es sei denn, er hat die verspätete Geltendmachung nicht zu vertreten. Auch wenn der Vermieter die verspätete Geltendmachung nicht zu vertreten hat, ist er in der Regel gehalten, die Nachforderung innerhalb von drei Monaten nach Wegfall des Abrechnungshindernisses geltend zu machen.

Die Abrechnungsfrist wird grundsätzlich nur mit einer ordnungsgemäßen Abrechnung gewahrt. Mit Ordnungsmäßigkeit der Abrechnung ist in diesem Zusammenhang jedoch nicht deren inhaltliche Richtigkeit (z. B. hinsichtlich der Höhe einzelner Positionen) gemeint, sondern deren formelle Ordnungsmäßigkeit in dem oben erläuterten Sinne.

Die Abrechnungsfrist wirkt nur zu Lasten des Vermieters. Der Mieter selbst kann auch nach Ablauf der Abrechnungsfrist verlangen, dass der Vermieter eine Nebenkostenabrechnung fertigt und vorlegt. Kommt der Vermieter dem nicht nach, so kann der Mieter die Vorauszahlungen für die laufende Abrechnungsperiode zurückhalten, um so Druck auf den Vermieter auszuüben. Kommt der Mieter damit nicht weiter, so kann er den Vermieter auch auf Erteilung der Abrechnung verklagen. Ist das Mietverhältnis zwischenzeitlich beendet, so kann er statt auf Erteilung einer Abrechnung ohne weiteres auf Rückzahlung der von ihm geleisteten Nebenkostenvorauszahlungen klagen.

Rechnet der Vermieter die Nebenkosten nicht binnen eines Jahres ab, so kann der Mieter die Nebenkostenvorauszahlungen für die folgenden Monate so lange zurückhalten, bis die Abrechnung erteilt wurde.

Der Abrechnungsfrist des Vermieters entspricht auf Mieterseite die **Verpflichtung**, etwaige **Einwendungen** gegen die Abrechnung dem Vermieter spätestens bis zum Ablauf des 12. Monats nach Zugang der Abrechnung **mitzuteilen**. Das bedeutet nicht, dass sich der Mieter mit einer etwaigen Nachzahlung 12 Monate Zeit lassen kann.

Gemeint ist nur, dass der Mieter nach Ablauf dieser Frist Einwendungen nicht mehr geltend machen kann, es sei denn, er hat die verspätete Geltendmachung der Einwendungen nicht zu vertreten.

Hat der Mieter keine Einwendungen, so muss er die geforderte Nachzahlung nach Ablauf einer gewissen Prüfungsfrist, in der Regel binnen eines Monates, begleichen.

Sonderfall: Heiz- und Warmwasserkosten

Angesichts stetig steigender Energiepreise werden die Nebenkosten, insbesondere diejenigen für Heizung und Warmwasser, zunehmend zu einer zweiten Miete.

Heiz- und Warmwasserkosten müssen **zwingend nach der Heizkostenverordnung** abgerechnet werden. Außer bei Gebäuden mit nicht mehr als zwei Wohnungen, von denen eine der Vermieter selbst bewohnt, geht die Heizkostenverordnung vertraglichen Vereinbarungen vor. Dies hat letztlich zur Folge, dass auch sogenannte **Warmmietverträge**, bei denen die Heiz- und Warmwasserkosten pauschal in der Miete enthalten sind, insoweit **ungültig** sind.

Nach der Heizkostenverordnung müssen die Gesamtkosten der Heizung immer verbrauchsabhängig für jede einzelne Wohnung berechnet werden. Alle Räume bzw. alle Heizkörper müssen mit Heizkostenverteilern ausgerüstet sein. Ausnahmen gibt es lediglich für Alters-, Pflege-, Studenten- und Lehrlingsheime sowie ähnliche Einrichtungen.

Was sind Heiz- und Warmwasserkosten?

Auch hier stellt sich wie bei den sonstigen Nebenkosten zunächst die Frage, welche Positionen vom Vermieter zulässigerweise in die Abrechnung eingestellt werden können. Nach der Betriebskostenverordnung gibt es 17 verschiedene Betriebskostenarten. Drei davon beziehen sich auf die Heizkosten und die Kosten für das Warmwasser, angefangen bei der Zentralheizung und bei der zentralen Warmwasserversorgung bis hin zur Etagenheizung und den Wartungskosten für eine solche oder ein Warmwassergerät. Zu den vom Vermieter zulässigerweise in die Nebenkostenabrechnung einzustellenden Positionen gehören insbesondere die Kosten

- der verbrauchten Brennstoffe und ihrer Lieferung,
- des Betriebsstroms,
- der Bedienung, Überwachung und Pflege der Anlage,
- der regelmäßigen Prüfung ihrer Betriebsbereitschaft und Betriebssicherheit einschließlich der Einstellung durch einen Fachmann,
- der Reinigung der Anlage und des Betriebsraumes,
- der (Abgas-)Messungen,
- der Anmietung oder anderer Arten der Gebrauchsüberlassung einer Ausstattung zur Verbrauchserfassung,
- der Verwendung einer Ausstattung zur Verbrauchserfassung einschließlich der Kosten der Berechnung und Aufteilung.

Verteilerschlüssel

Nach der Heizkostenverordnung sind die Kosten des Betriebs der zentralen Heizungsanlage mit mindestens 50 %, höchstens 70 % nach dem erfassten Wärmeverbrauch der Nutzer zu verteilen. Die übrigen Kosten sind nach der Wohn- oder Nutzfläche oder nach dem umbauten Raum zu verteilen; zu Grunde gelegt werden kann auch die Wohn- oder Nutzfläche oder der umbaute Raum der beheizten Räume.

Abrechnung

Auch für die Heizkostenabrechnung gilt, was bereits bei der Nebenkostenabrechnung ausgeführt worden ist. Sie muss so dargestellt sein, dass alle Rechenschritte für den nicht täglich mit einer Nebenkostenabrechnung befassten Mieter nachvollziehbar sind. Dies ist, wie die Praxis zeigt, für den Normalbürger beinahe ein Ding der Unmöglichkeit.

So bedienen sich viele Vermieter der Dienste von Abrechnungsfirmen, die schematisierte Abrechnungen fertigen. Auch diese sind jedoch angesichts der Vielzahl der zu berücksichtigenden Faktoren regelmäßig nur bei intensivem Studium nachzuvollziehen. Ein solches ist auch gefordert.

Als Mieter sollten Sie sich bemühen, die entsprechenden Fähigkeiten zu erwerben, um die Heizkostenabrechnung zu verstehen!

Allgemein kann gesagt werden, dass in der Heizkostenabrechnung

- die einzelnen Positionen getrennt aufgeführt werden müssen,
- der Bestand an Brennstoff (Ölvorräte) zu Beginn und zum Ende der Heizperiode aufgeführt sein muss bzw. die entsprechenden Zählerstände (Gas) angegeben sein müssen,
- angegeben werden muss, wie viel Prozent der entstandenen Kosten verbrauchsunabhängig und wie viel Prozent verbrauchsabhängig abgerechnet werden,
- die Gesamtkosten angeführt und der sich hieraus errechnete Anteil des jeweiligen Mieters nebst Verteilerschlüssel angegeben werden müssen.

Wie bei den sonstigen Nebenkosten auch, müssen auch der Heizkostenabrechnung keine Belege beigefügt werden. Der Mieter hat das Recht, die entsprechenden Unterlagen beim Vermieter einzusehen.

Auszug inmitten der Abrechnungsperiode?
Häufig ziehen Mieter nicht gerade zum Ende einer Abrechnungsperiode, sondern während einer solchen aus. Der Vermieter ist dann

nicht zu einer Zwischenabrechnung der Heizkosten verpflichtet, meist auch nicht in der Lage.

Er hat dann allerdings eine **Zwischenablesung** der Verbrauchserfassungsgeräte zu veranlassen. Demgegenüber können die verbrauchsunabhängigen Kosten zeitanteilig abgerechnet werden. Bei der nach Ende der Abrechnungsperiode zu erstellenden Heizkostenabrechnung ist dann dem Umstand des zwischenzeitlichen Auszuges des Mieters Rechnung zu tragen.

Bei den Kosten der Zwischenablesung handelt es sich nicht um (umlagefähige) Betriebskosten im Sinne Betriebskostenverordnung, sondern um Verwaltungskosten des Vermieters (welche dieser selbst zu tragen hat), die zur Erstellung der Abrechnung notwendig sind.

Der Auszug des Mieters mitten in der Abrechnungsperiode ändert auch nichts an der oben erläuterten Abrechnungsfrist.

Beispiel *Ist als Abrechnungszeitraum das Kalenderjahr zugrunde zu legen und zieht der Mieter im Januar aus, so muss er sich u. U. bis zum Ende des Folgejahres gedulden, bevor er die Abrechnung für diesen einen Monat erhält.*

Die Mieterhöhung

Ein ganz heikles Thema sind auch in bis dahin entspannten Mietverhältnissen die Mieterhöhungen. Denn der Mieter fragt sich oft, warum er für die augenscheinlich selbe Leistung plötzlich mehr bezahlen soll. Immerhin ist das Konfliktpotenzial mit dem Mietrechtsreformgesetz von 2001 insoweit etwas entschärft worden, als, anders als früher, **innerhalb von drei Jahren** eine Mieterhöhung um **maximal 20** Prozent (statt wie früher 30 Prozent) zulässig ist.

Erhöhung durch Vereinbarung

Grundsätzlich gilt, dass die Vertragsparteien während des laufenden Mietverhältnisses eine Erhöhung der Miete frei vereinbaren können.

Künftige Änderungen der Miethöhe können entweder als Staffelmiete oder als Indexmiete vereinbart werden (hierzu später).

Einseitiges Mieterhöhungsverlangen

Ein einseitiges Mieterhöhungsverlangen des Vermieters ist nur nach den im Gesetz bestimmten Voraussetzungen zulässig.

Die Miete muss in dem Zeitpunkt, zu dem die Erhöhung eintreten soll, **seit 15 Monaten unverändert** sein (eine Ausnahme gilt, wenn Modernisierungsmaßnahmen durchgeführt worden sind).

Die neue Miete darf die **ortsübliche Vergleichsmiete nicht übersteigen**; letztere wird gebildet aus den üblichen Entgelten, die in der Gemeinde oder einer vergleichbaren Gemeinde für Wohnraum vergleichbarer Art, Größe, Ausstattung, Beschaffenheit und Lage in den letzten vier Jahren vereinbart oder von Erhöhungen wegen der Betriebskosten abgesehen geändert worden sind..

Das Mieterhöhungsverlangen ist **in Textform** abzufassen, d. h. auf Papier, Diskette, CD-ROM, aber auch per E-Mail oder Computerfax. Mündliche Mieterhöhungsverlangen sind und bleiben nach wie vor unwirksam.

Das Mieterhöhungsverlangen ist zu **begründen**; für die Begründung kann der Vermieter insbesondere Bezug nehmen auf

- einen etwaigen Mietspiegel,
- ein mit Gründen versehenes Gutachten eines öffentlich bestellten und vereidigten Sachverständigen oder
- auf entsprechende Entgelte für einzelne vergleichbare Wohnungen, wobei die Benennung von drei Wohnungen genügt.

Die Begründung des Mieterhöhungsverlangens soll dem Mieter konkrete Hinweise auf dessen Berechtigung geben, damit er während der ihm zustehenden Überlegungsfrist die Berechtigung der Mieterhöhung überprüfen und sich darüber schlüssig werden kann, ob er diesem Begehren zustimmt oder nicht. Hinsichtlich der Benennung von drei Vergleichswohnungen bedeutet dies, dass diese vom Vermieter im Mieterhöhungsschreiben so genau bezeichnet werden müssen, dass der Mieter sie ohne nennenswerte Schwierigkeiten auffinden kann. Bleibt für den Mieter offen, welche von mehreren Wohnungen in einem Stockwerk als Vergleichswohnungen gemeint ist, ist das Mieterhöhungsverlangen aus formellen Gründen unwirksam. In derartigen Fällen muss der Vermieter also zur Vermeidung der Unwirksamkeit die Lage der Vergleichswohnung so konkret beschreiben (z. B. OG links) oder gar den Namen des betreffenden Mieters angeben, sofern dieser seinen Namen an der Wohnungstür angebracht hat. Fehlen derartige Angaben, ist der Mieter nicht verpflichtet, auf eigene Faust Nachforschungen anzustellen und die in Betracht kommenden Vergleichswohnungen herauszufinden.

Der Vermieter muss die Begründung, also z. B. den Mietspiegel, dem Erhöhungsverlangen beifügen. Die Begründung muss so abgefasst sein, dass der Mieter die einzelnen Schritte, die zu der entsprechenden Bewertung führen, nachvollziehen kann. Im Einzelnen ist vieles umstritten, so z. B. die Frage, ob bei der Angabe von Vergleichswohnungen die Adressenangabe genügt, oder ob diese Wohnungen näher beschrieben werden müssen.

Zustimmung des Mieters

Das Mieterhöhungsverlangen wird nur wirksam, wenn der Mieter zustimmt (oder entsprechend verurteilt wird).

Stimmt der Mieter nicht zu, bleibt es bei der alten Miete. Der Vermieter muss dann klagen!

Stimmt der Mieter zu, schuldet er die erhöhte Miete mit Beginn des dritten Kalendermonats nach dem Zugang des Erhöhungsverlangens.

Die Zustimmung ist an **keine Form** gebunden, kann also mündlich, schriftlich oder durch schlüssiges Verhalten erfolgen. Letzteres kommt z.B. dann in Betracht, wenn der Mieter die erhöhte Miete mehrere Monate lang ohne Widerspruch gezahlt, er z.B. seinen Dauerauftrag entsprechend geändert oder der Abbuchung der erhöhten Miete nicht widersprochen hat.

Klage auf Erteilung der Zustimmung

Stimmt der Mieter dem Mieterhöhungsverlangen nicht bis zum Ablauf des zweiten Kalendermonats nach dem Zugang des Erhöhungsverlangens zu, kann der Vermieter auf Erteilung der Zustimmung klagen. Die Klage muss dann innerhalb von drei weiteren Monaten erhoben werden.

Ist die Klage erfolgreich, so kann der Vermieter das Mietverhältnis wegen des durch die Erhöhung verursachten Zahlungsverzuges nicht vor Ablauf von zwei Monaten nach rechtskräftigem Urteil kündigen, wenn nicht die Voraussetzungen der außerordentlichen fristlosen Kündigung schon wegen der bisher geschuldeten Miete erfüllt sind. Das heißt: Zahlt der Mieter die vor dem Erhöhungsverlangen geschuldete Miete weiter und unterliegt er in einem gegebenenfalls mehrmonatigen Mieterhöhungsprozess, so befindet er sich mit den nicht geleisteten Erhöhungsbeträgen in Zahlungsverzug. Gleichwohl kann der Vermieter eine auf diesen Zahlungsverzug gestützte Kündigung erst zwei Monate nach der rechtskräftigen Verurteilung aussprechen. Der Mieter soll also Gelegenheit erhalten, die zwischenzeitlich aufgelaufenen Zahlungsrückstände zu begleichen.

Die Staffelmiete

Insbesondere um spätere Streitereien zu vermeiden, aber auch aus Gründen der Kalkulationssicherheit für beide Parteien, können die Mietvertragsparteien auch von Anfang an schriftlich eine sogenannte Staffelmiete vereinbaren, also die Miete für bestimmte Zeiträume in unterschiedlicher Höhe festlegen.

Voraussetzungen

Dabei muss in der Vereinbarung die jeweilige Miete oder die jeweilige Erhöhung in einem Geldbetrag ausgewiesen sein; nicht ausreichend ist es, die Erhöhung lediglich nach Prozentzahlen auszuweisen. Zudem muss die Miete jeweils mindestens ein Jahr unverändert bleiben.

Folgen

Während der Laufzeit einer Staffelmiete ist eine **Mieterhöhung nach den allgemeinen Grundsätzen ausgeschlossen**. Denn das Risiko einer Mieterhöhung nach den allgemeinen Vorschriften soll ja gerade durch die Staffelmiete bewusst verteilt werden. Nur Betriebskostenveränderungen werden hiervon nicht erfasst.

Die Vereinbarung einer Staffelmiete hat zur Folge, dass sich die Miete zum vereinbarten Zeitpunkt ohne weitere Erklärung von selbst verändert. Nach Ablauf des Staffelmietzeitraums gilt die am Ende erreichte Miete auf unbestimmte Zeit weiter.

Die Indexmiete

Die Mietvertragsparteien können auch schriftlich vereinbaren, dass die Miete durch den vom Statistischen Bundesamt ermittelten Preisindex für die Lebenshaltung aller privaten Haushalte in Deutschland bestimmt wird.

Während der Geltung der Indexmiete muss die Miete, von Erhöhungen wegen Modernisierungsmaßnahmen bzw. Veränderungen der Betriebskosten abgesehen, jeweils **mindestens ein Jahr** unverändert bleiben.

Eine Mieterhöhung wegen Durchführung von Modernisierungsmaßnahmen kann vom Vermieter neben der Geltung einer Indexmiete nur dann verlangt werden, soweit der Vermieter bauliche Maßnahmen auf Grund von Umständen durchgeführt hat, die er nicht zu vertreten hat. Eine Mieterhöhung nach den allgemeinen Vorschriften ist auch hier, wie bei der Staffelmiete, ausgeschlossen.

Im Gegensatz zur Staffelmiete erfolgt die Erhöhung oder die Ermäßigung der Miete hier **nicht automatisch**, sondern nur als Folge einer Erklärung des Mieters oder des Vermieters, für welche die oben beschriebene **Textform** genügt. In dieser Erklärung muss neben dem geänderten Index die geänderte Miete oder die Erhöhung betragsmäßig in Geld angegeben werden.

Die geänderte Miete ist dann mit Beginn des übernächsten Monats nach dem Zugang der Erklärung zu bezahlen.

Die Kaution

In den allermeisten Wohnungsmietverträgen vereinbaren die Vertragsparteien, dass die Mieterseite eine Kaution zu leisten hat. Sie darf der Höhe nach **drei Monatsmieten (Nettokaltmiete)** nicht übersteigen und dient zur Sicherung etwaiger Zahlungsansprüche des Vermieters.

Die Kaution muss nicht unbedingt auf einen Schlag bezahlt werden. Vielmehr wird zugelassen, dass der Mieter drei monatliche Raten leistet, wobei die erste Rate zu Beginn des Mietverhältnisses fällig ist.

Anlage der Kaution

Der Vermieter ist verpflichtet, die Kaution bei einem Kreditinstitut (Bank oder Sparkasse) zu dem für Spareinlagen mit dreimonatiger Kündigungsfrist üblichen Zinssatz anzulegen.

Die Parteien können jedoch auch **andere Anlageformen** vereinbaren. Als solche kommen in Betracht: die Bankbürgschaft (dabei verbürgt sich die Bank des Mieters für eventuelle Forderungen des Vermieters), Sparbuch mit Sperrvermerk, Verpfändung eines Sparbuches des Mieters.

In jedem Fall muss die Anlage der Kaution vom Vermögen des Vermieters **getrennt** erfolgen (Kautionskonto). Auf diesem Konto dürfen sich keine anderen Zahlungen als Kautionen befinden. Damit soll gewährleistet werden, dass im Falle der Insolvenz des Vermieters oder etwaiger Zwangsvollstreckungsmaßnahmen gegen ihn die Kautionen der Mieter nicht verloren gehen, denn Kautionskonten gelten als insolvenzsichere Anlagen.

Auskunftsanspruch des Mieters

Der Mieter kann vom Vermieter Auskunft darüber verlangen, ob die Kaution dem Gesetz entsprechend angelegt und verzinst ist. Weist der Vermieter dies nicht nach, darf der Mieter die Miete bis zur Höhe der eingezahlten Kaution **zurückbehalten**, bis der Vermieter den Nachweis bringt.

Leistet der Mieter die Kaution in Raten, so kann der Mieter die folgenden Raten zurückhalten, wenn der Vermieter die ihm bereits zugeflossenen Kautionsbeträge nicht ordnungsgemäß angelegt hat.

Bringt der Vermieter trotz Aufforderung durch den Mieter keinen Beweis für die dem Gesetz entsprechende Anlage der Kaution, so kann der Mieter die Miete bis zur Höhe der Kaution zurückbehalten.

Zinsen

Die auf die Kautionssumme erwirtschafteten Zinsen stehen dem Mieter zu und erhöhen die Kaution.

Das bedeutet, dass der Mieter während der Mietzeit keinen Anspruch auf Auszahlung der erwirtschafteten Zinsen hat. Andererseits stellt die im Gesetz genannte Anlage zu dem für Spareinlagen mit dreimonatiger Kündigungsfrist üblichen Zinssatz lediglich die Mindestverzinsung dar.

Erzielt der Vermieter tatsächlich höhere Zinsen, so stehen auch diese dem Mieter zu. Denn die Kaution soll dem Vermieter Sicherheit für Zahlungsansprüche bieten, ihn jedoch nicht in die Lage versetzen, aus der Kaution Gewinne zu erwirtschaften oder sonst wirtschaftliche Vorteile zu ziehen.

Entnahmen aus der Kaution

Entnimmt der Vermieter während des Mietverhältnisses Geld vom Kautionskonto für berechtigte Ansprüche, ist der Mieter verpflichtet, das Kautionskonto wieder aufzufüllen.

Der Vermieter ist während des laufenden Mietverhältnisses nur dann zur Entnahme aus der Kaution berechtigt, wenn seine Forderungen von einem Gericht rechtskräftig festgestellt, unstreitig oder offensichtlich begründet sind.

Fehlt es hieran, streiten die Mietvertragsparteien also z. B. über die Berechtigung einer Nebenkostenabrechnung, so darf der Vermieter den von ihm für berechtigt gehaltenen Betrag nicht einfach der Kaution entnehmen, sondern muss seine Forderung einklagen.

Schicksal der Kaution bei Vertragsbeendigung

Bei Beendigung des Mietverhältnisses ist die Kaution zurückzuzahlen (vgl. hierzu S. 28). Allerdings muss der Mieter dem Vermieter eine gewisse Frist einräumen, damit dieser eventuelle Ansprüche prüfen kann. Wie lange diese Prüfungsfrist anzusetzen ist, ist umstritten. Im Regelfall dürfte ein Zeitraum von zwei bis drei Monaten angemessen sein.

Oft kommt es vor, dass bei Beendigung des Mietverhältnisses noch Nebenkosten abzurechnen sind. Der Vermieter ist allerdings nur zu einer Zwischenablesung der Verbrauchserfassungsgeräte, nicht jedoch zu einer Zwischenabrechnung verpflichtet. Hierzu ist er oft auch nicht in der Lage. Er darf daher vom Kautionskonto einen gewissen Betrag einbehalten für den Fall, dass der Mieter auf die Nebenkosten Nachzahlungen zu leisten hat. Die Höhe dieses Einbehaltes ist wiederum umstritten. Als Ausgangspunkt können etwaige Nachzahlungsbeträge in den Vorjahren oder das Drei- bis Vierfache der monatlichen Vorauszahlungsbeträge angesetzt werden.

Sonderfall: Vermieterwechsel

Der neue Vermieter tritt auch hinsichtlich der Kaution ohne Einschränkung in die Verpflichtungen des alten Vermieters ein. Er muss also nach Vertragsbeendigung dem Mieter die Kaution zurückzahlen, ob sie ihm vom alten Vermieter übertragen wurde oder nicht. Dieser bleibt in der Haftung für den Fall, dass der Mieter die Kaution vom neuen Vermieter nicht erlangen kann.

Stichwortverzeichnis

Buchanzeigen

Mieten

Blank

Mietrecht von A–Z

Für Mieter, Vermieter, Verwalter, Makler und Juristen.

17. Aufl. 2003. 1040 S. §
€ 18,50. dtv 5044

Blank

Miete und Pacht

Mit Beispielen und Mustern für Mieter und Vermieter. Wie immer umfassend und praxisorientiert.

12. Aufl. 2005. 767 S. §
€ 16,50. dtv 5099

Lenßen

Ihr Recht: Miete und Nebenkosten

Mietrecht für Mieter – kompakt und verständlich. Lernen Sie Ihre Rechte kennen.

1. Aufl. 2009. 108 S.
€ 6,90. dtv 50455
Neu im Dezember 2008

Lützenkirchen

Mietnebenkosten von A–Z

Begriffe · Musterformulierungen · Berechnungsbeispiele · Checklisten. Erläutert werden sämtliche Begriffe aus dem Betriebskostenwesen, die Vermieter, Mieter, aber auch Makler und Verwalter kennen sollten.

4. Aufl. 2005. 439 S. §
€ 13,–. dtv 5289

Klemm

So prüfe ich meine Nebenkostenabrechnung

Schnellübersicht Recht.
1. Aufl. 2008. 31 S.
€ 4,95. dtv 50404

Jürgensen

Der Anspruch auf Wohngeld

Ratgeber für Mieter und Eigentümer. Der Ratgeber informiert über alle Voraussetzungen des Anspruchs auf Wohngeld.

1. Aufl. 2003. 309 S. §
€ 12,50. dtv 5697

Fröba

Ratgeber Wohngeld

Was Mieter und Eigentümer wissen sollten. Die Neuerungen im Wohngeldrecht sind verständlich erläutert.

1. Aufl. 2009. Rd. 150 S. §
Ca. € 9,90. dtv 50671
In Vorbereitung für Anfang 2009

Neuhaus

Büro- und Geschäftsräume

Mieten und vermieten. Ein Mustervertrag, zahlreiche Musterschreiben und Checklisten erleichtern den Alltag als Mieter oder Vermieter.

1. Aufl. 2005. 197 S. §
€ 12,50. dtv 50643

Theobald/de Wyl/Eder

Der Wechsel des Stromlieferanten

Wege zum preiswerten und rechtssicheren Strombezug.

1. Aufl. 2004. 268 S. §
€ 11,50. dtv 5688

Mieten

Mersson

Vermieterleitfaden

Aktuelles Mietrecht · Mustertexte · Abrechnungsbeispiele · Checklisten.
Mit 130 Mustertexten (Briefe, Formulare, Verträge, Klagen), Checklisten sowie Beispielen für Nebenkostenabrechnungen.

4. Aufl. 2008. 640 S. §
€ 16,50. dtv 5626

Kaufen

GrdstR · Grundstücksrecht

u.a. mit BGB (Auszug), BeurkundungsG, ErbbauVO, WohnungseigentumsG, Baugesetzbuch (Auszug), Grundbuchordnung, Zivilprozessordnung (Auszug), Gesetz über die Zwangsversteigerung und Zwangsverwaltung, GrunderwerbsteuerG, GrundsteuerG.

Textausgabe.
5. Aufl. 2006. 640 S.
€ 12,50. dtv 5586

Bub/Schmid

Grundstücke

Erwerb · Besitz · Belastung · Verkauf · Steuern.
Die Rechte an Immobilien und ihre Übertragung, Nutzung, Besteuerung, staatliche Förderung.

8. Aufl. 2007. 329 S. §
€ 14,50. dtv 5082

Maletz

Grundstücks- und Wohnungskauf von A–Z

Für Käufer, Verkäufer und Vermittler.
Präzise und verständliche Antworten auf alle Fragen, die beim Kauf einer Eigentumswohnung oder eines Grundstücks auftreten.

2. Aufl. 2006. 300 S. §
€ 13,50. dtv 5699

Grziwotz

Immobilienkauf vom Bauträger

Risiken erkennen und vermeiden.
Sicher zur eigenen Immobilie.

1. Aufl. 2007. 202 S. §
€ 13,–. dtv 50645

Herrling/Detzel/Gaisbauer

Immobilien aus zweiter Hand

Ihr Ratgeber für Erwerb und Besitz.
Bautechnische und rechtliche Aspekte, Kosten, Steuern, staatliche Förderung u.v.m.

3. Aufl. 2007. 313 S. €
€ 10,–. dtv 5887